CW01370779

TENDENCIAS REGULATORIAS APLICABLES A LA ACTIVIDAD EMPRESARIAL EN LA ERA DIGITAL

De los Emprendimientos Emergentes a las Empresas Fintech

Fred Aarons P.

TENDENCIAS REGULATORIAS APLICABLES A LA ACTIVIDAD EMPRESARIAL EN LA ERA DIGITAL

De los Emprendimientos Emergentes a las Empresas Fintech

COLECCIÓN ESTUDIOS JURÍDICOS
N° 165

Universidad Monteávila
25 años hacia la cima

CEBAFI
Centro de Estudios Bancarios y Financieros

editorial jurídica venezolana international
2024

© FRED AARONS P.

ISBN: 979-8-89480-625-9

Impreso por: Lightning Source, an INGRAM Content company
para: Editorial Jurídica Venezolana International Inc.
Panamá, República de Panamá.
Email: ejvinternational@gmail.com

Portada por: Alexander Cano

Diagramación, composición y montaje por:
Mirna Pinto, en letra Book Antiqua 13,
Interlineado 14, Mancha 11,5x18 (Tamaño libro 6x9 inch.)

Dedicado

*a mis alumn@s, compañer@s de faena
y familiares, por las vivencias y lecciones aprendidas;
a la memoria de mis padres,
por todo lo entregado incondicionalmente.*

"No podemos responder a los problemas de hoy con soluciones de ayer"

Pedro ARRUPE, S.J.
Prepósito General de la Compañía de Jesús
entre 1965 - 1983

"Para ti, que deseas formarte una mentalidad católica, universal, transcribo algunas características:

— *amplitud de horizontes, y una profundización enérgica, en lo permanentemente vivo de la ortodoxia católica;*

— *afán recto y sano —nunca frivolidad— de renovar las doctrinas típicas del pensamiento tradicional, en la filosofía y en la interpretación de la historia…;*

— *una cuidadosa atención a las orientaciones de la ciencia y del pensamiento contemporáneos;*

— *y una actitud positiva y abierta, ante la transformación actual de las estructuras sociales y de las formas de vida".*

Texto perteneciente al capítulo 'Personalidad'
en el libro '*Surco*' de Josemaría ESCRIVÁ DE BALAGUER.

Fred Aarons P.

Doctor en Ciencias, Mención Derecho, por la Universidad Central de Venezuela; Magister en Banca de Desarrollo, Concentración en Finanzas, por *American University*, Washington, D.C., EE.UU.; Magister en Estudios Legales Internacionales, Concentración en Comercio Internacional y Banca, por *American University Washington College of Law*, Washington, D.C., EE.UU.; y Abogado por la Universidad Católica Andrés Bello.

Ha desarrollado su actividad profesional en el asesoramiento de asuntos corporativos con especialización en estrategias negociales y contractuales, así como en la actividad bancaria, financiera y de mercado de valores, con especial énfasis en el desarrollo (como consultor en el ámbito internacional) de estrategias transaccionales y regulatorias para promover la participación del sector privado en la actividad económica. Entre las responsabilidades más relevantes durante su carrera profesional, ha desempeñado los cargos de Consultor Jurídico Adjunto de CAF Banco de Desarrollo de América Latina y el Caribe; *Country Legal Head and Compliance Officer* de Citibank N.A., Sucursal Venezuela; Consultor Jurídico de la Asociación Bancaria de Venezuela; socio principal de Aarons & Asociados, Abogados; Abogado y Oficial de Inversiones de Capital Privado del Banco Interamericano de Desarrollo; Abogado de Mendoza, Palacios, Acedo, Borjas, Páez Pumar & Cía.

Se ha desempeñado como profesor universitario a nivel de pregrado, maestría y doctorado, así como en cursos especializados.

Como parte de su involucramiento en la investigación académica acerca de temas relacionados con las políticas públicas y el rol del sector privado, con particular énfasis en asuntos relacionados con el Derecho, la Economía y el Desarrollo, ha escrito múltiples artículos disponibles en publicaciones nacionales e internacionales, así como tres libros, incluyendo su más reciente obra titulada "Tendencias regulatorias aplicables a las actividades empresariales en la era digital".

Es árbitro y mediador acreditado ante diversas instituciones nacionales e internacionales y se desempeña como Consultor Internacional de Capital Business Advisors LLC, miembro de ASTRA Legal y director del Centro de Estudios Bancarios y Financieros (CEBAFI) de la Universidad Monteávila.

CONTENIDO

PRÓLOGO por Guillermo FARIÑAS C. 23

NOTA INTRODUCTORIA por Rafael BADELL MADRID 29

INTRODUCCIÓN 37
    1. La Libertad y la Autoridad 39
    2. Objetivos y Alcance 42

Capítulo I
LOS INSTRUMENTOS DIGITALES Y LA ECONOMÍA 35

I. LOS INSTRUMENTOS DIGITALES Y LA ECONOMÍA 51
    1. Los Instrumentos Digitales 51
        a. Internet 51
        b. Plataforma *Blockchain* 55
        c. La Inteligencia Artificial 57
    2. Economía Digital y su Ecosistema 59
        a. Características de la Economía Digital 66

Caso Práctico: Expansión de una Empresa de Comercio Electrónico 68

Caso Práctico: Transformación Digital de una Empresa Manufacturera 70

Caso Práctico: Implementación de una Estrategia Omnicanal en el Sector Minorista 71

Caso Práctico: Digitalización del Sector de Servicios Financieros 73

Capítulo II
EL MERCADO Y LA EMPRESA 75

II. EL MERCADO Y LA EMPRESA 77
   1. El Mercado 78
      a. Según el Producto 78
          1.1 Mercado de Bienes de Consumo 79
          1.2. Mercado de Bienes Industriales.......... 79
          1.3. Mercado de Servicios 80
          1.4. Mercado de Bienes y Servicios Digitales 80
          1.5. Mercado de Bienes de Lujo 81
      b. Según el Comprador 81
          1.6. Mercado de Consumidores (B2C - *Business to Consumer*)............................ 82
          1.7. Mercado Industrial (B2B - *Business to Business*) 82
          1.8. Mercado de Gobierno 83

    1.9. Mercado de Revendedores 83

    1.10. Mercado Internacional 84

  c. Según la Competencia................................. 84

    1.11. Mercado de Competencia Perfecta 84

    1.12. Mercado de Competencia Imperfecta 85

  d. Mercado de Monopolio Puro 87

  e. Según el Área Geográfica 89

    1.13. Mercado Local 89

    1.14. Mercado Regional 90

    1.15. Mercado Nacional 90

    1.16. Mercado Internacional 90

    1.17. Mercado Global 90

 2. La Empresa... 91

 3. La Función Gerencial y de Consultoría Jurídica Empresarial 93

 4. Tipos de Actividad Empresarial 97

 5. La Actividad Empresarial Emergente............. 100

Caso Práctico: La Expansión Internacional de "Tech Wiz" 110

Caso Práctico: La Transformación Digital de "Farmacia Vizcaya" 112

Caso Práctico: La Estrategia de Sustentabilidad de "SuperA-gro" 114

6. La Competencia entre los Emprendimientos Emergentes y las Grandes Empresas 117

7. La Transformación Digital de las Empresas .. 118

8. Competencia Desleal y Arbitraje Competitivo 121

   a. Competencia Desleal............................... 121

   b. Arbitraje Competitivo 122

Capítulo III
CRITERIOS CONVENCIONALES DE REGULACIÓN EMPRESARIAL 125

III. CRITERIOS CONVENCIONALES DE REGULACIÓN EMPRESARIAL 127

1. La Función Reguladora del Estado 132

Caso Práctico: Mercado de Abastos "La Fruta para Todos" 139

2. Los Modelos Socioeconómicos y la Actividad Empresarial 142

   a. Capitalismo Liberal 142

   b. Capitalismo Social de Mercado 142

   c. Socialismo de Mercado 143

   d. Economías Mixtas.................................... 143

3. Esquemas de Regulación 144

4. La Autorregulación... 146

Caso Práctico: Implementación de Políticas de Privacidad y Protección de Datos en una Plataforma de Redes Sociales 150

Caso Práctico: Autorregulación en el Mercadeo Digital y la Publicidad en Línea 152

Caso Práctico: Autorregulación en el Comercio Electrónico para Garantizar la Transparencia y la Equidad.................. 153

Caso Práctico: Autorregulación en el Uso de Inteligencia Artificial y Algorítmos 155

    5. La Organización del Estado y las Alternativas de Regulación.. 157

    6. La Responsabilidad del Estado 159

Capítulo IV
TENDENCIAS REGULATORIAS PARA LAS EMPRESAS EN LA ERA DIGITAL
Énfasis en los Emprendimientos Fintech.. 163

IV. TENDENCIAS REGULATORIAS PARA LAS EMPRESAS EN LA ERA DIGITAL: ÉNFASIS EN LOS EMPRENDIMIENTOS FINTECH 165

    1. Evolución Histórica de la Regulación Digital 165

    2. Innovación Tecnológica v. Regulación 168

    3. Fundamentos Regulatorios en la Economía Digital 169

    4. Importancia de la Regulación en la Era Digital 172

5. Teorías Regulatorias Aplicadas a la Economía Digital 174
6. Panorama Global de la Regulación en la Economía Digital 177
   a. Principales Tendencias y Políticas Globales 177
      1.1 Protección de Datos y Privacidad 177
      1.2. Regulación de las Grandes Tecnologías (*Big Tech*) 178
      1.3. Ciberseguridad 179
      1.4. Inteligencia Artificial y Ética 179
      1.5. Comercio Electrónico y Economía Digital 180
7. Comparación de Enfoques Regulatorios por Regiones 180
8. Principios de Regulación Digital 186
9. Emprendimientos Fintech y su Regulación ... 205

Caso Práctico: Cumplimiento de Normativas en un Emprendimiento Fintech de Pagos Digitales en los Estados Unidos de América 213

Caso Práctico: Adaptación a la Regulación Europea para una Plataforma de Préstamos P2P 214

Caso Práctico: Navegación en el Entorno Regulatorio Global para un Emprendimiento Fintech de Criptomoneda 216

Caso Práctico: Implementación de Normativas Fintech en Mercados Emergentes 217

Capítulo V
REGULACIÓN EFICIENTE: CASOS APLICABLES A LOS EMPRENDIMIENTOS FINTECH .. 221

V. REGULACIÓN EFICIENTE: CASOS APLICABLES A LOS EMPRENDIMIENTOS FINTECH .. 223

    a. Concepto de operar en un mercado y eficiencia del mercado: 225

    b. Intervención estatal para promover el interés general: 226

    c. Criterios de una regulación racional y eficiente: 226

    d. Uso del Modelo PRINCE 2.0 para lograr eficiencia en regulación: 226

    e. Regulación eficiente y su viabilidad: 227

Caso Práctico: Medición de la Eficiencia Regulatoria en un Emprendimiento Fintech de Criptomonedas en América Latina 215

Capítulo VI
CONTRATACIÓN Y TRIBUTACIÓN DIGITAL .. 235

VI. CONTRATACIÓN Y TRIBUTACIÓN DIGITAL 237

    1. Los Contratos como Instrumentos de Autorregulación 237

        a. El Negocio Jurídico 237

        b. Los Contratos 239

- c. Función Reguladora de los Contratos 241
- d. Los Contratos de Adhesión 244
- e. La Contratación y el Comercio Electrónico 245
- f. Los Contratos Inteligentes 249

Caso Práctico: Autorregulación mediante Contratos Inteligentes en una Plataforma de Préstamos P2P 252

Caso Práctico: Autorregulación mediante Contratos Inteligentes en un Emprendimiento Fintech de Comercio Electrónico 253

Caso Práctico: Autorregulación mediante Contratos Inteligentes en un Emprendimiento Fintech de Seguro 255

Caso Práctico: Autorregulación mediante Contratos Inteligentes en una Plataforma de Crowd funding 257

- 2. La Tributación Digital 258
  - a. Criptoactivos y Tributación 259
  - b. Monedas Digitales y Tributación 260
  - c. NFT y Tributación 260
  - d. Consideraciones acerca de la Tributación Digital 261

Capítulo VII
LA ADMINISTRACIÓN DE JUSTICIA Y LA DIGITALIZACIÓN 263

VII. LA ADMINISTRACIÓN DE JUSTICIA Y LA DIGITALIZACIÓN 265
   1. La Pandemia por el COVID-19 y la Digitalización en la Administración de Justicia 265
   2. Digitalización y los Órganos Jurisdiccionales 268
   3. Los MARC y la Digitalización de la Justicia .. 270

CONCLUSIONES Y RECOMENDACIONES ... 275

   1. Conclusiones 277
   2. Recomendaciones 279

REFERENCIAS BIBLIOGRÁFICAS Y FUENTES CONSULTADAS 283

   1. Referencias Bibliográficas 283
   2. Fuentes Consultadas 290

APÉNDICE 1: MODELO DE MEDICIÓN DE REGULACIÓN EFICIENTE 295

   1. Variables institucionales 296
   2. Variables de políticas públicas 297
   3. Variables económicas 298

4. Variables sociales 299
5. Variables éticas 299
6. Variables de innovación tecnológica............... 300
7. Interpretación y método del Modelo PRINCE 2.0 300

APÉNDICE 2: ÍNDICE DE CASOS PRÁCTICOS.. 303

APÉNDICE 3: GLOSARIO DE TÉRMINOS 305

PRÓLOGO

Me honra prologar esta obra del Dr. Fred Aarons P., fundador y director del Centro de Estudios Bancarios y Financieros (CEBAFI) de la Universidad Monteávila.

El tema es muy pertinente: las tendencias regulatorias de la economía digital. En un mundo cada vez más interconectado, donde la tecnología digital redefine los límites de lo posible, el panorama empresarial ha experimentado una transformación radical. La irrupción de herramientas como la inteligencia artificial, el *blockchain* y el internet de las cosas ha dado lugar a un nuevo ecosistema económico, caracterizado por su dinamismo, complejidad y disrupción.

Este libro se adentra en el corazón de esta revolución, analizando el impacto de la digitalización en el mercado, la empresa y la regulación. A través de un exhaustivo estudio de casos, el autor nos invita a reflexionar sobre los desafíos y oportunidades que enfrentan las empresas en este nuevo entorno.

Desde la emergencia de los emprendimientos *fintech* hasta la transformación digital de las grandes corporaciones, esta obra aborda una amplia gama de temáticas, desde la competencia desleal hasta la contratación digital, pasando por la tributación y la regulación de las criptomonedas.

Los méritos del autor son relevantes y pertinentes. El Dr. Aarons posee la formación académica y la experiencia necesaria para disertar sobre esta temática.

Cuando se habla de regulación, se pretende lograr aunar eficiencia y otros objetivos sociales tales como la inclusión. Los "cuantitavistas" afirmarían que no es posible: maximizar uno de ellos iría en detrimento de los demás. Pero la Economía no es una ciencia matemática como nos han tratado de hacer creer distintas escuelas de pensamiento económico. Otros autores (cf. Martínez-Echevarría, Miguel Alfonso: *La economía entre la sociedad y el Estado*) la consideran -como a la Política- un arte que exige la prudencia directiva. Virtud que busca en cada situación el justo medio razonable. Así, cuando hablamos de regulación, hay que atender lo que se regula, los actores del hecho regulado, y el entorno político, legal, económico y tecnológico, entre otros elementos. Aunar todos ellos exige sabiduría práctica de forma de lograr los medios más adecuados para los fines decididos.

Por lo anterior, pienso que el intento de diseñar anticipadamente un marco ideal regulatorio omnisciente está condenado al fracaso. En el caso de entornos impactados por nuevas tecnologías, de mercados globales, de organizaciones legislativas anticuadas y restrictivas, hacen más utópico este intento. Esto no debe ser óbice para intentarlo. Sin embargo, la justicia debe llevar a reconocer un margen importante de actuación a los particulares.

Es por esto que pienso que se debe dar más margen a los medios alternativos de justicia como la negociación y los arbitrajes. Estos modos consideran las particularidades e intereses involucrados y buscan soluciones que concilian los distintos intereses.

El autor reflexiona sobre estos aspectos concluyendo que "lo que está en juego de equilibrio entre grupos sociales está enraizado más en la observación de la experiencia, que en la lógica abstracta" (p. 21).

En esta obra se destaca la necesidad de adaptar el marco jurídico tradicional a las nuevas realidades del mundo digital. La autorregulación, los contratos inteligentes y la inteligencia artificial emergen como herramientas clave para construir un nuevo orden jurídico que sea capaz de garantizar la seguridad, la transparencia y la equidad en las transacciones comerciales.

La libertad es un gran bien del hombre. No se puede minimizar su trascendencia. La correcta libertad está integrada en la ética, es decir, en el concepto del bien que a su vez se deriva de la naturaleza del ser humano, ser espiritual y relacional. Desgajar la libertad de la responsabilidad y el bien, nos lleva al libertinaje y el desorden.

En concreto, la libertad en lo económico es parte integrante de la libertad personal y contribuye a su bien. Poder decidir dónde invertir, de qué modo, qué adquirir o vender, con quien asociarme y cómo, es una prerrogativa de todo agente económico. Por un lado, apuntala la dignidad humana, y, por otro, permite a las sociedades prosperar en su dimensión material.

Acompañada esta libertad en lo económico con hábitos positivos como la prudencia, la justicia, la diligencia y la frugalidad, contribuyen significativamente al florecimiento de cualquier economía.

Los marcos regulatorios pueden y deben coadyuvar a ese desenvolvimiento personal. El autor hace bien en prevenirnos contra la injerencia del Estado en los asuntos entre personas y en la misma vida individual. La proliferación de leyes, normas y reglamentos más que ayudar, obstaculizan la libertad responsable de los seres humanos. "Es clave no perder de vista que la reglamentación estatal debe tender a dignificar al hombre como un fin en sí mismo y otorgarle seguridad jurídica. Cada oportunidad en la que se produzca algún exceso en la reglamentación, el hombre dejaría de ser un fin en sí, para convertirse en un medio sometido al poder omnipotente del Estado" (p. 19).

Esta obra y sus ideas son un llamado a lo que la Universidad ofrece: el aprendizaje. En una época de cambios acelerados, de tecnologías disruptivas, de entornos dinámicos e inciertos, es un deber ineludible que todos los partícipes del hecho económico hagan un esfuerzo por atender adecuadamente esta nueva economía, conocer con propiedad sus elementos y estar al día en las tecnologías que la impactan. Entre estos públicos, este texto atiende a los legisladores, los jueces y árbitros, los empresarios y emprendedores, los gerentes, los asesores y los consultores jurídicos.

Al describir los mercados, las empresas y su gestión, se hace más evidente que la organización económica contemporánea es fundamentalmente una institución del conocimiento. Ya decía uno de los gurúes de la gestión empresarial: "En una economía donde la única certeza es la incertidumbre, la única fuente segura de ventaja competitiva duradera es el conocimiento" (Ikujiro Nonaka, "The Knowledge Creating Company", *Harvard Business Review*, 69, 96-104).

Los conocimientos técnicos ineludibles deben considerar siempre que la persona es el fin y sujeto de la acción empresarial y económica. El paradigma tecnocrático, al igual que sus profetas del desastre, debe ser denunciado. La técnica siempre es medio, nunca fin, por más sofisticada e imbricada en procesos decisorios que esté. Aquellas tecnologías que se constituyan una amenaza para el ser humano deben ser limitadas. Lo nuclear ha sido una bendición para curar enfermedades y producir energías limpias, pero su uso bélico puede cambiar la faz de la tierra y el destino humano.

Como los artes prácticos no se aprenden en el vacío sino en la concreción, el autor nos ilustra los temas con casos de estudio que ejemplifican el uso de las tecnologías digitales en la gestión.

Otro aspecto que quiero destacar es que el autor resalta la importancia de la ética empresarial. La ética es uno de los fundamentos de la autorregulación. Así como en la economía la confianza es esencial, en la gestión empresarial el ideal es el autogobierno, que incluye el saber cuáles son los límites y, mejor aún, los medios y modos en cada situación para el correcto desenvolvimiento de la propia actuación. La ética -ya no como un modo de saber lo que no se puede hacer- es la ciencia que nos ayuda a discernir y acometer las acciones que permiten la propia realización y de contribuir a la de los demás. Más que un enfoque de mínimos es un llamado a la excelencia.

Otro tema que está en el fondo de la regulación es la tensión entre el individuo y el estado. Cuando se contraponen, caemos en modelos individualistas o colectivistas. Ambas posturas son un reduccionismo del ser humano. Un modo de resolver la tensión es considerar al hombre no como un individuo sino como una persona.

La persona humana es un ser eminentemente relacional, que necesita de otras personas porque no se puede ser sin los otros; el hombre necesita del otro. Existir es, en cierto modo, salir de uno mismo. Salir hacia otros que existen. De modo que el hombre es un ser que co-existe. Su radical es coser con otros. Todos los hombres tienden a unirse. Un peligro pendular al negar el individualismo sería el de disolver a la persona en el colectivo. No es el caso de la filosofía realista. En la visión clásica de santo Tomás de Aquino, la persona es 'más que el todo', precisamente porque se le atribuyen todas las relaciones que lo constituyen.

El ser humano tiene una dignidad intrínseca, base de los derechos humanos. Pero su florecimiento solo es posible en relación: la familiar, la comunitaria y la social. Las comunidades necesitan el principio de autoridad que permite regirlas. Pensar que la sociedad y su gobierno son un artificio no natural, es una visión reductiva del ser humano y su dimensión relacional. Y hablar de gobierno es disertar sobre su rol supervisorio y regulador de las actividades que en la sociedad se realizan. Cuánto de supervisión y cuánto de regulación, y, lo más importante, el cómo y sus modos, debieran ser fruto de cada realidad, como antes indiqué.

Este libro es una guía indispensable para empresarios, abogados, economistas y cualquier persona interesada en comprender las implicaciones de la revolución digital en el mundo de los negocios. A través de su análisis riguroso y su lenguaje accesible, el autor nos proporciona las herramientas necesarias para navegar con éxito en este nuevo y desafiante entorno.

Quiero felicitar al Dr. Aarons por este libro. Esta obra representa una valiosa contribución al debate sobre el futuro del derecho empresarial y nos invita a reflexionar sobre el papel que debemos desempeñar para construir un mundo más justo y equitativo en la era digital. Tengo la convicción que es un aporte importante a la regulación en general y a la de la actividad económica signada por lo digital en particular. La Monteávila ofrece esta obra a los estudiosos y actores del hecho económico digital, con la aspiración que sea un aporte práctico para los temas en ella tratados.

Guillermo FARIÑAS C.
Rector

NOTA INTRODUCTORIA

El Dr. Fred Aarons P. me ha honrado al pedirme que realice esta nota introductoria para su nueva obra titulada *"Tendencias regulatorias aplicables a la actividad empresarial en la era digital* (De los Emprendimientos Emergentes a las Empresas Fintech)". Este nuevo libro del Dr. Fred Aarons, es muy útil, necesario y oportuno. En él se desarrollan los principales enfoques regulatorios que surgen en el marco del impacto transformador que las tecnologías digitales han tenido en la economía, especialmente con el fenómeno de las denominadas empresas *startup*.

La digitalización de las actividades económicas es una característica muy marcada en estos tiempos de transformación muy aceleradas y que busca sinergia con nuevos modelos institucionales que aseguren su desarrollo sostenible. A medida que transitamos la cuarta revolución industrial, los medios digitales se extienden e inciden cada vez con más fuerza en los factores de producción. La integración de tecnologías disruptivas como el Internet de las Cosas, la tecnología *blockchain*, el *big data* y la *Inteligencia Artificial* están reconfigurando no solo la manera en que se crean y distribuyen los bienes y servicios, sino también las interacciones entre empresas, consumidores y gobiernos.

Las incesantes innovaciones tecnológicas, impulsadas por la globalización, plantean retos jurídicos y estructurales sin precedentes. Desde el surgimiento de nuevos modelos de negocios hasta el replanteamiento del rol del Estado en su función reguladora de la economía, ponen en evidencia los importantes desafíos que enfrenta el Derecho en su cometido de adaptarse a una realidad en constante evolución. Por eso digo que la obra del Dr. Fred Aarons P. es útil, necesaria y oportuna, pues se enmarca precisamente en ese novedoso contexto, y ofrece una explicación adecuada a las complejas interacciones entre la regulación del Estado, la actividad empresarial y la digitalización, desde una perspectiva interdisciplinaria, que no solo abarca aspectos jurídicos, sino también económicos y sociales.

El lector podrá encontrar en este libro, escrita con un lenguaje claro, limpio y accesible, una explicación completa del mercado digital actual, así como de las empresas emergentes y, dentro de éstas, las empresas *Fintech*, que son modelos empresariales que hacen uso de nuevas tecnologías para llevar adelante productos y servicios financieros, destinados a los sectores bancarios, mercado de valores, financiamiento colectivo (*crowfunding*), administración de criptomonedas y a otros servicios especializados.

El estudio del Dr. Fred Aarons P. nos lleva a las principales tendencias regulatorias del derecho comparado en la materia, con ejemplos muy actuales de cada uno de los temas allí tratados. Su orientación didáctica y su habilidad para explicar con claridad conceptos complejos y ofrecer alternativas regulatorias viables, hacen de este libro un recurso, repito, útil, necesario y oportuno, para estudiantes y profesionales.

El libro del Dr. Aarons no solo presenta las complejidades regulatorias de la economía digital, sino que también plantea soluciones factibles y pragmáticas para los reguladores. Entendiendo que la economía digital redefine las reglas del juego, se ofrece una guía teórica y práctica para enfrentar los retos jurídicos que supone, enfatizando la importancia de un marco regulatorio adecuado que equilibre la libertad económica, la tutela de los derechos fundamentales y la intervención estatal en la economía digital.

En la sociedad contemporánea el Estado asume un rol que es esencial como regulador y garante del interés general en la era digital. No obstante, como en toda intervención estatal, la regulación de la economía digital no puede manifestarse de forma que dejen sin vigencia o contenido el régimen de las libertades económicas o afecte el núcleo esencial de los derechos fundamentales. Tampoco el ejercicio de las libertades individuales en el plano digital puede conllevar a la anulación del Estado como garante del interés general.

El derecho administrativo económico tiene el reto, en este novedoso aspecto, de adaptarse a las nuevas tecnologías, pues, ha de redefinir los límites de la intervención estatal y regular el ejercicio de los derechos y libertades de los particulares en este nuevo contexto digital, sin sofocar la innovación ni restringir el crecimiento económico. Se requiere, pues, una estructura normativa inteligente y flexible que permita a los diferentes actores de la vida económica digital, la adquisición y el uso de los factores de producción, de los productos y los servicios, en un marco regulatorio que asegure que las nuevas tecnologías se integren de manera armónica en la estructura económica y social.

En un contexto donde la doctrina jurídica aún está adaptándose a los rápidos avances tecnológicos, este libro se presenta como un aporte muy adecuado, oportuno y de gran valor para entender las complejidades que implica la regulación de la economía digital.

Esta obra es producto del enorme conocimiento y experiencia de su autor. Como lo he dicho en otras ocasiones, el Dr. Fred Aarons P. es un jurista extraordinario, con un agudo pensamiento y con notoria preocupación por los temas actuales, especialmente en el ámbito del derecho administrativo económico. Con estudios de postgrado en materia bancaria, finanzas y estudios legales internacionales en universidades nacionales e internacionales, el Dr.

Aarons aporta un enfoque multidisciplinario en la explicación de los complejos desafíos jurídicos que plantea la economía digital.

Su sólida formación, combinada con su exitosa experiencia profesional en asuntos bancarios, inversiones extranjeras, control de cambios, arbitraje y finanzas en general, enriquecen cada análisis contenido en el libro, otorgándole una perspectiva completa y práctica sobre los retos regulatorios actuales. El Dr. Aarons no solo ha destacado en el ámbito profesional; también ha tenido una sólida carrera académica que lo ha acercado a estas materias. Durante años ha ejercido la docencia en diversos cursos de posgrado en diversas universidades del país, en diversas temáticas relacionadas con el derecho económico y la regulación financiera. Su intensa actividad académica se refleja también en su considerable obra escrita, que abarca diferentes temas en materia regulatoria, económica y financiera; así como en su constante participación como ponente en foros, conferencias y otros eventos de relevancia académica.

Este valioso libro, que tengo el honor de introducir, se estructura en siete capítulos que se desenvuelven a partir de interesante, originales y novedosas reflexiones del autor; la consulta de abundantes fuentes bibliográficas y la revisión de casos prácticos que proporcionan al lector una visión integral de las tendencias regulatorias en la era digital.

En el capítulo I, el Dr. Aarons se refiere al impacto transformador que las tecnologías digitales han tenido en la economía global. El autor analiza diversos instrumentos digitales, como el internet, la tecnología *blockchain* y la *Inteligencia Artificial*, y explica como ellos están redefiniendo la forma en que operan las empresas y se desarrollan los negocios, revolucionado las transacciones comerciales, en lo que se refiere al acceso a la información, la transparencia y seguridad, así como optimizando procesos y toma de decisiones mediante el análisis de gran cantidad de datos.

La experiencia del Dr. Aarons, como consultor internacional en derecho financiero y regulatorio, le ha permitido desarrollar en el capítulo II la estructura del mercado digital y la adaptación de las empresas a las dinámicas económicas contemporáneas. Allí se esbozan los diferentes tipos de mercado que surgen en la era digital, desde el mercado de consumo hasta el industrial y de servicios digitales. Enfatiza la importancia del rol del consultor jurídico empresarial, que es fundamental para entender, interpretar y aplicar el complejo panorama regulatorio actual, así como la creciente competencia entre los emprendimientos emergentes y las grandes corporaciones.

Los enfoques convencionales de la regulación empresarial en el contexto digital se desarrollan en el capítulo III, en el que se destaca el rol crucial del Estado en la creación de un entorno regulatorio adecuado para fomentar la innovación tecnológica y el desarrollo económico, en el marco de las nuevas realidades impuestas por la digitalización. El autor también examina a la autorregulación como complemento de la regulación estatal, que puede contribuir a la creación de un marco regulatorio más ágil y eficiente.

El capítulo IV se enfoca en las tendencias regulatorias específicas para las empresas digitales, con énfasis en los emprendimientos Fintech; comentando al efecto diversos casos prácticos que ilustra la implementación de marcos regulatorios en el derecho comparado.

Más adelante, en el capitulo V, se explica la creciente necesidad de una regulación eficiente para los emprendimientos de innovación tecnológica financiera, que requieren de un enfoque holístico que considere no sólo los aspectos económicos, sino también los institucionales, sociales, éticos y tecnológicos. A este fin, el estudio presenta al Modelo PRINCE 2.0, como un modelo cualitativo ofrece una metodología integral para evaluar el impacto de las normas en el crecimiento económico y el bienestar social.

Un asunto de especial importancia es la contratación y la tributación en el entorno digital, que se trata en el capítulo VI. Allí se analiza cómo los contratos inteligentes (*smart contracts*) transforman las operaciones comerciales al automatizarlas y mejorar su transparencia, seguridad y eficiencia mediante la tecnología *Blockchain*; así como los desafíos jurídicos que se plantean sobre su validez y ejecución. El autor ilustra el impacto de la contratación digital en áreas como los préstamos *P2P* (*peer to peer*), el comercio electrónico y el *crowdfunding*. Nos explica también la complejidad de la tributación digital, con un enfoque en criptoactivos, monedas digitales y NFT, y cómo estos nuevos activos requieren marcos regulatorios y fiscales adaptados a las particularidades del entorno digital.

Por último, el capítulo VII refiere a la digitalización de la justicia, acelerada por la pandemia del COVID-19, que ha transformado la administración de justicia, impulsando el uso de plataformas virtuales para audiencias y la remisión digital de documentos. En ese contexto, los medios alternativos de resolución de controversias (MARCs), como el arbitraje y la mediación, cobran mayor relevancia, al ofrecer mayor flexibilidad y eficiencia.

En este sentido, resaltan las cláusulas escalonadas (*multi-tiered clauses*), que combinan diferentes métodos de resolución de disputas, presentándolas como una herramienta innovadora para prevenir litigios costosos y preservar las relaciones comerciales. En efecto, las cláusulas escalonadas de solución de controversias son acuerdos contractuales en los que las partes acuerdan utilizar múltiples mecanismos de resolución de conflictos de manera progresiva, uno tras otro, antes de recurrir a arbitraje o a instancias judiciales.

Finaliza el Dr. Aarons emitiendo valiosas reflexiones sobre las implicaciones jurídicas de la economía digital y propone recomendaciones muy convenientes para adaptar el Derecho a este nuevo paradigma. Tengo la seguridad que este libro será muy bienvenido en la comunidad jurídica; se convertirá pronto en una importante referencia y será de gran utilidad para enfrentar los retos jurídicos de esta era digital.

Rafael BADELL MADRID
Caracas, Octubre 2024.

INTRODUCCIÓN

Las instituciones jurídicas vienen a la vida, se desarrollan y perecen de acuerdo con el concepto que se tenga de la justicia, que es el supremo valor que inspira y orienta al Derecho. (Camus, 1946, p. 7).

Los procesos políticos y económicos de la humanidad han ciertamente incidido en la configuración de las leyes jurídicas y en el devenir de sus instituciones.

Para referirse a la economía digital hay que entender el proceso histórico que nos ha llevado a ella. Desde los fenicios, pasando, entre otros hitos y civilizaciones relevantes, por los romanos, la época medieval, el periodo renacentista, el proceso de industrialización de la economía, y avanzando a épocas más cercanas de la historia contemporánea, la autoridad y las instituciones son conceptos relacionados en la esencia del funcionamiento de las sociedades, independientemente del concepto de justicia que se tenga.

La cultura jurídica occidental se debe sustancialmente a elementos derivados de los derechos bárbaro, romano, feudal, canónico, más los principios democráticos, en su doble aspecto liberales y socialistas, que integran a un grupo de legislaciones vigentes (Camus, *Ob. Cit.*, p. 11). Razón por la cual, el Derecho comparado al permitir el conocimiento de las legislaciones de diferentes jurisdicciones tiene como propósito captar diversos principios y doctrinas generales que integran una fuente común.

Con ocasión del análisis que presento en este estudio, ante las novedades manifiestas de la economía digital y los múltiples aspectos que la conforman, considero propicio entender el fenómeno de la economía digital a la luz de la conjugación de la economía, por una parte, con las políticas públicas y el Derecho, por la otra. La economía, siendo principalmente el resultado de la actividad emprendedora de los individuos y empresas en sociedad, está determinada por las políticas públicas del Estado, que se ven subsumidas en el Derecho, el cuál tiende hacia la universalización de las normas. Dichas normas resultan en la configuración de un esquema regulatorio aplicable a los diferentes aspectos de la actividad económica desarrollada en las sociedades contemporáneas. Si bien algunos pueden discutir acerca de las bondades o perjuicios de las intervenciones del Estado en la economía, lo cierto es que como señalara Edmund S. Phelps, Premio Nobel en Economía, en una economía moralmente aceptable debe haber intervenciones bien dirigidas para asegurar que posea un nivel satisfactorio de dinamismo e intervenciones suficientes para asegurar un grado satisfactorio de inclusión (Phelps S., 2013, p. 86).

La economía digital ha traído consigo un cambio en los paradigmas sociales, económicos y psicológicos, por solo mencionar los más significativos. Esta circunstancia tan particular requiere que el Estado sea más ágil y eficiente en la configuración de políticas públicas en favor de la consecución de ordenamientos legislativos y regulatorios que alcancen a proporcionar tanto eficiencia en la gestión empresarial y económica, como beneficios sociales para la población en general. Tal proceso ocurre a velocidades vertiginosas, con consecuencias importantes para los individuos y la sociedad en general, razón por la cual es importante, además de promover la innovación tecnológica, establecer pautas de funcionamiento que sean equilibradas en favor de múltiples objetivos. Allí radica la importancia de la regulación promovida para preservar los beneficios de la economía digital, utilizándola como conducto eficiente en favor del desarrollo económico y social del mundo globalizado del que formamos parte.

Los cambios promovidos en pocos años por la economía digital han sido tan profundos, que además de alterar nuestros patrones de conducta en sociedad, han producido un cambio vertiginoso de los interlocutores empresariales que lideran la actividad económica en el mundo. Las experiencias acumuladas tanto en los Estados Unidos de América como en la Unión Europea sirven de referencia para las naciones latinoamericanas, especialmente si tomamos en consideración la coyuntura actual en dónde todas las naciones están buscando modelos apropiados de regulación para hacer frente a los retos que impone la economía digital.

1. La Libertad y la Autoridad

El crecimiento del proletariado, la revolución industrial de los siglos XIX y XX, así como las transformaciones surgidas por las guerras, produjeron una alteración del orden constitucional en los Estados. Desde entonces, el Estado tuvo un giro hacia una concepción social e intervencionista.

Según sostenía Le Fur (Le Fur, 1937, pp. 207-208), hoy se reconoce la existencia de un Derecho social, que se desarrolla en múltiples planos. En la evolución natural y necesaria del Derecho individual, el *quid* del asunto por resolver consiste en determinar cuál sería el límite de incidencia de lo social en lo particular, sin que ello alcance a afectar la libertad individual. Todo Derecho es, a la vez, social e individual. Se trata entonces de balancear estos dos elementos del Derecho, en lugar de tratarlos como derechos distintos.

Pioget hacía referencia a la frase de J. Charpenter acuñada como "la ofensiva contra el individuo", según la cual, a las teorías de predominio de la autoridad, se produce gradualmente la absorción del Derecho individual en nombre del Derecho social bajo una influencia económica y política. A decir del referido autor, semejante absorción es provocada en las relaciones del Derecho privado, por la tendencia legislativa a salvaguardar en todas las circunstancias el llamado interés público. Tal circunstancia aparece agravada por las dificultades que presenta la aplicación al Derecho positivo, la permanente superposición, interpretación e interdependencia de una disciplina en la otra (Pioget, 1946, p. 200).

Conciliar la libertad y la autoridad, como aspectos fundamentales del Derecho ha sido un asunto de estudio e impacto substancial de la humanidad. A pesar de la paulatina prevalencia de la razón sobre la fuerza, aún existe la tendencia en el mundo civilizado de que aún predomina la autoridad del Estado sobre la libertad individual. Esta tendencia percola no solo en el ámbito ideológico, sino también al dilucidar asuntos jurídicos.

El interés general, interés público o bien común son conceptos empleados para justificar la intervención estatal, en el entendido de que dicha intervención se debe restringir a lo que sea necesario y adecuado para armonizar los intereses privados. En principio, cuando el Estado limita la libertad contractual, supuestamente, impone la limitación —lejos de hacerlo para salvaguardar el interés del Estado, como un acto independiente al interés de los particulares— para impedir que la parte económicamente favorecida pueda imponer a la otra parte una cláusula que en la mayoría de los casos sea caracterizada como leonina. De hecho, el Derecho privado dispone de salvaguardas en favor del interés público al sancionar semejante desproporción contractual.

Es clave no perder de vista que la reglamentación estatal debe tender a dignificar al hombre como un fin en sí mismo y otorgarle seguridad jurídica. Cada oportunidad en la que se produzca algún exceso en la reglamentación, el hombre dejaría de ser un fin en sí, para convertirse en un medio sometido al poder omnipotente del Estado. Esta situación plantea dos perspectivas simultaneas, a saber: por un lado, el crecimiento del Estado y su absorción de la vida individual y social; y por el otro, el progresivo aniquilamiento del hombre como persona, en beneficio del poder del Estado (Martínez Paz (h), 1947, p. 8).

Recaséns Siches nos recuerda oportunamente que "aunque lo social sea algo esencial al hombre, los bienes que se realizan en la colectividad son bienes tan sólo de carácter instrumental, son medios para la realización de los supremos valores, que sólo al individuo corresponden y que sólo por el individuo pueden y deben ser cumplidos. Sin sociedad no hay hombre, pero el hombre —se entiende el hombre individual— es superior axiológicamente a la sociedad. Pues la sociedad es algo hecho por él y para él" (Recaséns Siches, 1945, p. 525).

Estas ideas están matizadas por lo dicho por Le Fur (Le Fur, *Ob. Cit.*, p. 241) cuando observa que ni en las relaciones entre los grandes órdenes autónomos —instituciones o hechos normativos— ni en las relaciones entre individuos y Estado, el conflicto entre los dos principios, de autoridad y de libertad, que forma parte del fondo del Derecho, puede resolverse por la aplicación de pura técnica jurídica. Los conceptos de integración, ordenación, manejados de manera exclusiva, no tendrán mayor éxito que los de subordinación o coordinación. Lo que está en juego de equilibrio entre grupos sociales está enraizado más en la observación de la experiencia, que en la lógica abstracta.

Sin perjuicio de los intereses sociales del Estado, ha existido a lo largo de la historia una relación necesaria entre libertad e industria, la cual se reitera en estos tiempos de digitalización de la economía moderna, al contraponer las nociones de innovación y regulación de la actividad empresarial.

2. Objetivos y Alcance

Presento este estudio intitulado Tendencias Regulatorias Aplicables a la Actividad Empresarial en la Era Digital. Con base en las tendencias económicas promovidas por el Internet, las plataformas de *blockchain*, y más recientemente por la Inteligencia Artificial, se busca proporcionar pautas eficientes de regulación que sirvan de instrumentos adecuados para promover la innovación tecnológica, el crecimiento económico, el bienestar social, y la protección de los derechos de los consumidores en el mundo globalizado que habitamos.

Este estudio es el resultado de continuas reflexiones sobre los factores determinantes de la actividad empresarial en las sociedades modernas, incluyendo aquellas sociedades que aspiran a tal calificación sin haberla alcanzado aún. La dinámica propia que conlleva la venta de bienes y la prestación de servicios profesionales ha sido alterada de manera importante por los factores característicos de la economía digital. La gestión empresarial ha evolucionado dramáticamente y requiere que sus operadores dispongan de una multiplicidad de herramientas que les permitan hacer frente a los retos que se presentan en desarrollo de la actividad empresarial y de las gestiones gerenciales y de asesoría vinculadas con esta actividad.

Como consultor de negocios internacionales, he identificado tres aspectos fundamentales que son cruciales para el éxito empresarial en la actualidad.

Primero, los emprendimientos emergentes deben ser cada vez más competitivos y, por lo tanto, necesitan una estructura organizativa robusta para enfrentar desafíos desde el inicio del lanzamiento de sus productos y servicios. Esta estructura debe abarcar no solo un gobierno corporativo eficiente y una sólida capacidad financiera, sino también una plataforma de distribución innovadora y un manejo efectivo de una amplia gama de riesgos. Los gerentes deben prestar especial atención a su capacidad para gestionar la innovación digital y los requisitos regulatorios específicos que se imponen a partir de su modelo de negocio.

Segundo, con la aparición del Internet, la tecnología *blockchain* y, más recientemente, la Inteligencia Artificial, los emprendimientos necesitan ser adaptables para conceptualizar e implantar modelos de negocio innovadores. Estos modelos deben ser capaces de maximizar la eficiencia y de establecer plataformas digitales que se ajusten a las necesidades del mercado objetivo, considerando los efectos transfronterizos de su operación. Con la llegada de la Inteligencia Artificial y su expansión en todos los estratos empresariales, estamos ante una "nueva revolución industrial", en la que las empresas disponen de un nuevo producto para desarrollar sus negocios de una manera novedosa y sin precedentes[1].

Tercero, la digitalización de la actividad empresarial ha traído consigo una regulación tradicional que raramente aborda adecuadamente los aspectos regulatorios esenciales. Esta situación impone limitaciones significativas para lograr un equilibrio entre la promoción de la innovación empresarial y la protección prudente de los derechos de los consumidores y usuarios. Es cada vez más común que incluso los emprendimientos emergentes en sectores de consumo masivo, que no habrían sido normalmente objeto de regulación

---

[1] "La próxima revolución industrial ha comenzado", exclamó Jensen Huang, fundador y CEO de Nvidia, en un comunicado de prensa de mayo de 2024 en el que anunciaba los resultados del primer trimestre. "Las empresas y los países se están asociando con Nvidia para cambiar los centros de datos tradicionales a la computación acelerada y construir un nuevo tipo de centro de datos, fábricas de Inteligencia Artificial, para producir un nuevo producto: la Inteligencia Artificial". Nvidia stock split: Investors who hold shares by end of Thursday trading to be impacted (msn.com)

sectorial, enfrenten regulaciones especiales diseñadas para sectores altamente regulados, como es el caso de los emprendimientos de consumo transformados en Fintech[2].

La interacción de estos tres factores demanda un análisis integral desde una perspectiva moderna, equilibrada, flexible y dinámica, reflejando una alianza genuina y de largo plazo entre los sectores público y privado, con el fin último de generar crecimiento económico y bienestar social, independientemente del carácter transfronterizo del emprendimiento.

La idea de hacer un análisis con base en la confluencia de los tres factores antes citados fue plasmada inicial y específicamente con motivo de la exposición que tuve oportunidad de presentar bajo el mismo título que lleva este estudio, con ocasión de la VI Jornada de la Sociedad venezolana de Derecho Mercantil, celebrada durante los días 5 y 6 de diciembre de 2023, titulada Tecnología, Actividad comercial y su Regulación, en homenaje al Dr. José Muci-Abraham. Este estudio pretende explorar y argumentar sobre una variedad de temas, combinando la exposición de ideas con la reflexión y el análisis crítico. Las propuestas aquí planteadas nacen con el objetivo de fomentar más emprendimientos emergentes dirigidos por gerentes bien capacitados, quienes no solo buscan altos rendimientos económicos para ellos y sus accionistas, sino que también promueven niveles adecuados, éticos e innovadores de

---

[2] Múltiples alternativas y plataformas bajo la modalidad de emprendimientos Fintech han surgido en años recientes. Estas han estado caracterizadas por la rapidez de las operaciones negociales ejecutadas en tiempo real, la disponibilidad de plataformas tecnológicas ágiles independientes de los bancos y prestadores de servicios financieros tradicionales, el menor costo de transacción y la versatilidad en la prestación de servicios. Todos estos factores han representado una evolución financiera de proporciones inigualables, la cual viene acompañada de la usual predisposición reguladora del Estado.

regulación, que incluyen esfuerzos dirigidos a promover autorregulación. La oportunidad es propicia para vislumbrar cómo la gestión del abogado responsable de la gestión y el manejo de los riesgos jurídicos y de cumplimiento en las empresas requiere una perspectiva más amplia y multidisciplinaria. El consultor jurídico empresarial o corporativo moderno requiere capacidad de adaptación y disposición de evolucionar de acuerdo con los requerimientos que imponen las actividades empresariales en una economía globalizada con una enorme tendencia hacia la digitalización de los procesos negociales. Estos esfuerzos facilitan el establecimiento de nuevos paradigmas regulatorios acordes con la dinámica de la economía digital.

El propósito principal de este estudio es despertar el interés del lector en identificar las tendencias regulatorias que afectan a la actividad empresarial, con un enfoque particular que abarca desde los emprendimientos emergentes las empresas Fintech en la era digital. Por ello, he dividido el contenido de este estudio en siete (7) capítulos dirigidos, primero, a proponer un marco teórico para la discusión del temario planteado, con especial referencia a los instrumentos digitales y la economía; segundo, formular consideraciones acerca del mercado y las empresas que operan en él; tercero, recontar los diversos aspectos relativos a las perspectivas de la regulación convencional; cuarto, analizar las tendencias regulatorias aplicables a las empresas en la era digital, con especial énfasis en los emprendimientos Fintech; quinto, esbozar recomendaciones dirigidas a promover el adecuado balance entre la innovación y la operatividad adecuada del mercado y la economía digital, tomando en consideración las necesidades racionales de los usuarios y consumidores en un contexto transfronterizo, para lo cual formulo ciertas consideraciones dirigidas a identificar la aplicación sistemática de criterios de regulación eficiente; sexto, puntualizar comentarios acerca de la contratación y tributación digital, considerados elementos de importancia creciente en el devenir de la actualidad empresarial actual; y finalmente, como séptimo, comentar brevemente cómo la digitalización acelerada por la pandemia del COVID y sus efectos ha incidido de forma determinante en la administración de justicia, cuya responsabilidad recae en los órganos jurisdiccionales y los distintos medios alternativos de solución de controversias.

El fin último de esta propuesta bibliográfica no es solo proporcionar una base de referencia para el análisis jurídico de las tendencias regulatorias en la era digital, sino también preparar a las empresas y sus líderes, para responder de manera proactiva y eficiente a los cambios legislativos y regulatorios, minimizando riesgos y maximizando oportunidades en el ámbito digital.

Considerando que en este estudio se hace referencia a tres aspectos esenciales de los negocios a nivel globalizado, como son la regulación, la actividad empresarial y la innovación digital, su contenido está dirigido a aquellos lectores que consideren de su interés vincularse desde una perspectiva multidisciplinaria con los diferentes aspectos que inciden en la actividad empresarial, así como aquellos quienes sirvan o deseen servir como asesores de empresas. Especial atención presto a los gerentes jurídicos empresariales puesto que parto de la idea que la actividad económica y los asuntos jurídicos que la condicionan pueden apreciarse más efectivamente con una visión amplia e integral. El arribo de la Inteligencia Artificial requerirá que un sin número de profesionales alcancen a reinventarse y desarrollar una capacidad multidisciplinaria que les aportará mayor versatilidad profesional. Por ello, es importante comprender cómo la regulación y la digitalización determinan el perfil de los emprendimientos empresariales actuales. Habré cumplido con creces el objetivo planteado si la lectura de este estudio contribuye de alguna forma positiva a promover las aptitudes antes citadas.

Este estudio ha sido producido en un momento particular del proceso de digitalización de la economía y de la gestión de las empresas que operan en su ámbito, especialmente por lo que se refiere a la intervención de la Inteligencia Artificial en el desarrollo de los procesos productivos que ocupan a los individuos en sociedad. Considero que la Inteligencia Artificial y su uso representa un reto fascinante para la humanidad, que lejos de sustituir a la inteligencia humana, se presenta como una oportunidad inigualable para establecer una alianza sin precedentes en la depuración de procesos analíticos en favor de incrementar la eficiencia y la capacidad productiva de los individuos en sociedad. Ante tal circunstancia, en ejecución de este estudio se usó la tecnología de Inteligencia Artificial ChatGPT de OpenAI para generar textos preliminares empleados para referencia y apoyo en el desarrollo de ideas. Todo el contenido generado por Inteligencia Artificial fue cuidadosamente revisado y editado por el autor para garantizar su precisión y coherencia. El texto final refleja las ideas, contribuciones e interpretaciones originales del autor.

Capítulo I

LOS INSTRUMENTOS DIGITALES Y LA ECONOMÍA

I. LOS INSTRUMENTOS DIGITALES Y LA ECONOMÍA

1. Los Instrumentos Digitales

La revolución digital, impulsada por tecnologías como el Internet, las plataformas *blockchain* y la aplicación de la Inteligencia Artificial para un sinfín de propósitos, ha transformado profundamente la actividad empresarial. Cada una de estas tecnologías ha introducido cambios significativos en la manera en que las empresas operan, interactúan con sus clientes y compiten en el mercado.

a. Internet

El Internet es una red global de computadoras interconectadas que permite el intercambio de información y comunicación entre usuarios de todo el mundo. Su desarrollo ha transformado prácticamente todos los aspectos de la sociedad moderna, desde la comunicación y la educación hasta el comercio y el entretenimiento.

El Internet tiene múltiples usos, entre los cuales destacan servir como medio de comunicación, mediante el correo electrónico, las redes sociales, la mensajería instantánea y las videollamadas. Así mismo, el Internet permite el acceso a una cantidad inmensa de información a través de motores de búsqueda, bibliotecas digitales, plataformas de aprendizaje en línea, entre otras alternativas, ahora más dinamizadas por la intervención de la Inteligencia Artificial.

El Internet se caracteriza por tener una operatoria descentralizada y por consiguiente no está sometido a un organismo único de dirección y gestión. La actualización del ordenamiento jurídico aplicable al Internet y los servicios relacionados de almacenamiento de datos personales y difusión de información ha estado limitada debido a la reiterada transformación que se ha verificado en las redes digitales.

El Internet se ha constituido en las últimas décadas en una vía multidireccional de acceso a bienes y servicios de manera inmediata, a través de canales de interconexión directos y descentralizados. El Internet permite la participación de muchas empresas pequeñas en el comercio mundial, asimismo, apoya a que el capital existente sea más productivo, lo que aumenta la eficiencia y, al alentar la competencia, fomenta la innovación. El Internet, al igual que la energía o el transporte, se ha convertido en una parte esencial de la infraestructura de los países, y su red de servicios en un factor de producción en casi cualquier actividad de toda economía moderna.

El Internet impulsa la economía mediante la expansión del comercio, la mejora de la utilización del capital, la promoción de la competencia y facilidades de ingreso en el mercado, independientemente del perfil del proveedor de bienes y servicios.

El comercio electrónico, además de los medios de entretenimiento, representa un canal de distribución extraordinario que permite a las empresas vender productos y servicios en línea, facilitando las operaciones negociales comerciales a nivel global.

Las plataformas en línea establecen mecanismos de conectividad e intercambio de información que tienden a superar problemas de confianza mediante mecanismos de garantía y la resolución de disputas. No solo se dinamiza a través del Internet la comercialización de bienes, sino también mediante la prestación de servicios, lo cual promueve la desagregación de los procesos productivos. La reducción de costos ha sido uno de los factores determinantes en el crecimiento del Internet, lo cual ha generado un aumento de la eficiencia y la productividad en todos los sectores de la economía.

Aun cuando pareciera que las negociaciones efectuadas en el Internet no alteran los términos del comercio tradicional, lo cierto es que las empresas de Internet compiten directamente con aquellas empresas que no utilizan la red como medio de intercambio comercial. A partir de tal hecho, los medios sociales compiten en la obtención de ingresos con empresas de publicidad, mediante la colocación de avisos publicitarios en la red, los bancos tradicionales enfrentan la competencia de las redes de dinero móvil y, en general, las empresas de comercio electrónico compiten con empresas de comercio tradicional. Más aún, estas empresas con presencia física tradicional han tendido a ofrecer adicionalmente sus bienes y servicios a través de la plataforma de Internet, con el fin de atender a un segmento de mercado proclive a tomar ventaja de los beneficios del comercio electrónico.

El Internet ha incentivado la globalización, permitiendo que los individuos y las empresas se conecten y operen a nivel mundial, de manera expedita y en tiempo real. El Internet ha sido un catalizador para la innovación en innumerables campos, desde la tecnología hasta la medicina. Como consecuencia, el uso generalizado de las tecnologías y plataformas en línea ha incidido en el surgimiento de una economía digital alrededor de la cual converge un valor económico, que no tiene límites ni fronteras. De hecho, el Internet ha democratizado el acceso a la información, permitiendo a más personas acceder a conocimientos y recursos antes inaccesibles.

El Internet ha sido una de las innovaciones más transformadoras de la historia moderna, impactando profundamente todos los aspectos de la vida cotidiana y la economía global. Encontrar el equilibrio adecuado en la regulación del Internet, protegiendo la libertad de expresión mientras se controla el contenido perjudicial, es un desafío constante. A pesar de su expansión, aún existe una brecha digital significativa entre quienes tienen acceso a Internet y quiénes no.

El crecimiento de la plataforma de Internet ha promovido mayor eficiencia y crecimiento económico e interconectividad entre sus usuarios y proveedores de bienes y servicios. Tal crecimiento ha generado igualmente la necesidad de preservar los derechos relacionados con los datos personales de todos aquellos que tienen acceso a la plataforma de Internet, mediante la protección de sus datos personales. Dicha protección está determinada por un adecuado control de los datos personales de los usuarios, así como su uso legítimo por parte de los proveedores de bienes y servicios en la plataforma de Internet, manteniendo el necesario equilibrio entre la libertad de expresión y la protección de los derechos de los usuarios (Aarons, 2019, p. 186 y ss.).

La prestación de servicios en la red de Internet tiende a producirse mediante operadores globales conforme a reglas uniformes y con sometimiento en principio a los órganos jurisdiccionales de un país, todo ello basado en un principio de racionalidad económica de control de riesgos legales y reducción de costos asociados a tales riesgos[3].

---

[3] La amplitud y el crecimiento de las redes de comunicación establecidas por intermedio del Internet ha generado la necesidad de asegurar la neutralidad del servicio prestado a través del Internet, como red abierta a la que cualquier interesado puede acceder sin que los operadores bloqueen o restrinjan los usos lícitos que se producen a través de dicha plataforma. La neutralidad trata de la ausencia de discriminación por parte de los proveedores de acceso entre los paquetes de datos

b. Plataforma *Blockchain*

La plataforma *blockchain*, o cadena de bloques, es una tecnología revolucionaria que se utiliza para mantener un registro descentralizado y seguro de operaciones negociales. Fue inicialmente desarrollada como el libro mayor para la criptomoneda Bitcoin, pero su aplicación se ha expandido a muchos otros sectores debido a sus características únicas. La plataforma *blockchain* está distribuida entre múltiples nodos (computadoras) en una red. Cada nodo tiene una copia completa del registro de operaciones negociales. Una vez que una operación negocial se registra en la plataforma *blockchain*, no puede ser alterada ni eliminada, debido a que cada bloque está criptográficamente enlazado al bloque anterior, creando una cadena continua y segura.

Las operaciones negociales en *blockchain* son visibles para todos los participantes de la red. Esto aumenta la transparencia y la confianza, ya que cualquier persona puede verificar las operaciones negociales, mediante la utilización de técnicas criptográficas que requieren que las operaciones negociales estén validadas y consensuadas por la mayoría de los nodos antes de ser añadida al registro.

Las tecnologías de *blockchain* se están utilizando para mejorar la eficiencia y seguridad en pagos internacionales, liquidaciones de valores, y préstamos entre pares. Así mismo, puede proporcionar una forma segura y verificable de gestionar identidades digitales, reduciendo el riesgo de fraude de identidad, permitiendo un seguimiento transparente y seguro de productos a lo largo de la cadena de suministro, desde el origen hasta el consumidor final, mejorando la trazabilidad y reduciendo el fraude. También facilita el registro y la gestión de derechos de autor, patentes y otras

---

personales que circulan por las redes, evitando tratos privilegiados a favor de ciertos proveedores de contenido.

formas de propiedad intelectual, garantizando la autenticidad y evitando infracciones. Sin embargo, hay que considerar que las redes de *blockchain* operan de manera aislada y con una limitada capacidad de interoperabilidad.

La adopción de tecnologías de *blockchain* plantea desafíos regulatorios, ya que las leyes y regulaciones actuales no siempre se adaptan bien a las tecnologías descentralizadas, las cuales pueden presentar problemas de escalabilidad y mayores costos, sin mencionar el potencial impacto ambiental relacionado con el alto consumo de energía por los procesos de minería digital.

La tecnología *blockchain* tiene el potencial de transformar múltiples industrias al ofrecer un sistema seguro, transparente y eficiente para el registro y la verificación de operaciones negociales. Sin embargo, todavía enfrenta varios desafíos que deben ser superados para alcanzar su adopción masiva y aprovechar todo su potencial. Es cierto que las operaciones negociales registradas en una red *blockchain* no pueden ser alteradas, lo que proporciona un registro transparente y seguro, facilitando la verificación de datos y operaciones negociales sin necesidad de intermediarios. Así mismo, la automatización ha alcanzado niveles insospechados mediante la incorporación de los contratos inteligentes (*smart contracts*), que permiten la automatización de procesos comerciales, reduciendo errores y costos administrativos. Por otra parte, las monedas digitales, incluyendo las criptomonedas facilitan pagos rápidos y seguros, reduciendo la dependencia de los sistemas bancarios tradicionales, mientras que las innovaciones en servicios financieros, como préstamos *peer-to-peer* y seguros basados en *blockchain*, están transformando el sector financiero. En paralelo, la llamada propiedad digital o "Tokenización de Activos" permite la creación de *tokens* que representan la propiedad de activos físicos y digitales, facilitando nuevas formas de inversión y comercio.

c. **La Inteligencia Artificial**

La Inteligencia Artificial fue definida por el científico John McCarthy en 1956 como "máquinas que pueden cumplir actividades características de la inteligencia humana" (Kissinger *et al*, 2023, p. 56). Permite automatizar tareas repetitivas y mundanas, liberando a los individuos para que se concentren en tareas de mayor valor, mientras se automatiza procesos complejos como la gestión de inventarios, contabilidad y atención al cliente.

La Inteligencia Artificial puede analizar grandes volúmenes de datos para extraer elementos y patrones que informan la toma de decisiones estratégicas, utilizando modelos predictivos para anticipar tendencias del mercado, comportamientos de los clientes y demandas futuras.

La Inteligencia Artificial ofrece experiencias personalizadas a los clientes a través de recomendaciones de productos, atención automatizada al cliente (*chatbots*) y mercadeo dirigido, mientras segmenta a los clientes de manera más precisa, permitiendo campañas de mercadeo efectivas. Por otra parte, la Inteligencia Artificial facilita la creación de nuevos productos y servicios basados en capacidades de Inteligencia Artificial, como asistentes virtuales y vehículos autónomos, mejorando la eficiencia y efectividad de servicios existentes, como la detección de fraudes y la gestión de riesgos.

Más que reemplazar a la inteligencia humana, la Inteligencia Artificial permite establecer una alianza entre el hombre y la máquina, donde el hombre define un problema o una meta para la máquina, de manera que ésta establezca un proceso óptimo para ser alcanzado, mediante su aplicación práctica por el hombre. Esta alianza tiene una repercusión determinante para el futuro de la civilización tal y como la concebimos hoy en día, ya que tiene implicaciones sociales, jurídicas, filosóficas, éticas, entre otras. Su impacto en sociedad es de una repercusión sin precedentes, sólo comparable con grandes hitos históricos que han marcado los avances de la civilización humana. Su llegada y expansión representa un desarrollo revolucionario, equivalente del desencadenamiento de procesos históricos, como la Ilustración, o la aplicación de inventos de repercusiones históricas, como la imprenta de Gutenberg. Su impacto es, no solo transfronterizo, sino global, con plataformas digitales que disponen data agregada para innumerables propósitos, que conectan grandes grupos de usuarios a través del tiempo y el espacio. Por ello, es clave que ciudadanos, empresas, gobiernos, Estados, naciones y regiones comprendan su operatividad y alcance, con el fin de alinear las conductas permitidas en función de los intereses del individuo y su contexto social. Otro aspecto relevante es identificar la modalidad apropiada de regulación y su nivel de aplicación, ya sea local, nacional, regional, o internacional.

La Inteligencia Artificial permite la interacción con otras tecnologías. Por ejemplo, la plataforma *blockchain* puede proporcionar una infraestructura segura para los datos utilizados por sistemas de Inteligencia Artificial, garantizando la integridad y privacidad de los datos. Así mismo, la Inteligencia Artificial puede optimizar la ejecución y gestión de contratos inteligentes en plataformas *blockchain*. Por otra parte, la combinación de Internet y *blockchain* permite operaciones negociales seguras y transparentes en línea, mejorando la confianza del usuario. Este aspecto es crítico considerando que las plataformas *blockchain* facilitan la creación y gestión de identidades digitales seguras.

Por último, la Inteligencia Artificial puede analizar los datos generados por dispositivos del Internet de las Cosas (IoT) conectados a Internet para optimizar operaciones y predecir fallos, lo cual es importante si se considera que la combinación del Internet y la Inteligencia Artificial permite el desarrollo de plataformas digitales inteligentes que personalizan y mejoran la experiencia del usuario.

2. Economía Digital y su Ecosistema

La economía digital se refiere a una amplia gama de actividades económicas que resultan del uso de tecnologías digitales. Este concepto abarca todos los aspectos de la economía que están influenciados por la digitalización, incluidos los procesos de producción, distribución y consumo de bienes y servicios. La economía digital está impulsada por el Internet, las tecnologías de la información y la comunicación (TIC), y la computación avanzada. En consecuencia, la economía digital abarca desde la conectividad a Internet, redes de telecomunicaciones, centros de datos y dispositivos como computadoras, teléfonos inteligentes y otros equipos electrónicos, pasando por comercio electrónico, servicios proporcionados en formato digital, así como la recopilación, almacenamiento, análisis y uso de grandes volúmenes de datos (*Big Data*) para la toma de decisiones empresariales, mercadeo personalizado, y optimización de procesos, innovaciones tecnológicas que están transformando sectores enteros, como Inteligencia Artificial, *blockchain*, Internet de las Cosas (IoT), realidad aumentada y realidad virtual, además de la disponibilidad de plataformas que facilitan el intercambio de bienes y servicios entre individuos.

No solo se trata de un amplio espectro tecnológico, sino también de una multiplicidad de sectores impactados por la digitalización de procesos. La digitalización está revolucionando los servicios financieros con los emprendimientos Fintech, la banca en línea, los pagos y monedas digitales, así como las criptomonedas. La automatización industrial, la manufactura inteligente, así como la producción agrícola y pecuaria, están mejorando la eficiencia y la productividad. Más aún, el comercio electrónico ha alterado la forma en que los consumidores transan productos y servicios, así como las empresas gestionan sus cadenas de suministro. Las plataformas de aprendizaje en línea, las herramientas de gestión educativa y los recursos educativos digitales están transformando la enseñanza y el aprendizaje. Los dispositivos médicos conectados, incluyendo los servicios de telemedicina y las plataformas de gestión de datos de salud están mejorando la atención médica y la administración de servicios de salud. El entretenimiento y el consumo de medios está siendo dinamizado por los servicios de *streaming* de contenido, los videojuegos en línea y las redes sociales[4]. De hecho, estos servicios son cada vez más interactivos con sus usuarios y consumidores.

La digitalización de la economía ha acelerado el crecimiento económico y dinamizado los procesos de inserción social al punto de contribuir significativamente al aumento del producto interno bruto (PIB) global mediante la creación de nuevos mercados y oportunidades de negocio. Esta circunstancia, lejos de ser un hecho aislado, ha contribuido a alterar la naturaleza del trabajo, fomentando el teletrabajo, el trabajo *freelance* y la creación de nuevos tipos de empleo en sectores tecnológicos, así como promover el acceso a servicios financieros para personas no bancarizadas y democratizar el acceso a la información y la educación, proporcionando recursos y oportunidades de aprendizaje a personas en un mundo cada vez más globalizado.

No menos importante es que la gestión empresarial y las empresas están adoptando modelos de negocio basados en plataformas, suscripciones y servicios digitales, adaptándose a las nuevas demandas del mercado.

---

[4] El uso del Internet se ha ampliado de tal forma que gracias a la amplitud de la capacidad de transmisión de datos y el aumento del ancho de banda los servicios de Internet han sido ampliados para permitir la transmisión de archivos con contenidos audiovisuales, incluyendo *webcasting y streaming*, para la emisión en línea de programas televisivos y radiofónicos.

TENDENCIAS REGULATORIAS APLICABLES A LA ACTIVIDAD EMPRESARIAL EN LA ERA DIGITAL

Es tan amplio el alcance del proceso de digitalización en la actividad económica global que surgen desafíos y consideraciones de suma importancia referidos a la articulación de una gobernanza idónea y proporcionada, así como el funcionamiento de los marcos regulatorios, que atienda aspectos tan diversos como (i) la protección de datos personales y la seguridad cibernética; (ii) la disparidad en el acceso a tecnologías digitales entre diferentes regiones y grupos socioeconómicos; y (iii) la proliferación de información falsa y las consideraciones éticas relacionadas con la Inteligencia Artificial y otras tecnologías emergentes, entre otros relevantes.

La economía digital está impulsada por la conectividad a través del Internet, que permite la comunicación instantánea y el intercambio de datos a nivel global. La implementación de tecnologías digitales facilita la innovación y el desarrollo de nuevos modelos de negocio, productos y servicios. La economía digital transforma la manera en que se realizan las operaciones negociales, la producción y la prestación de servicios, teniendo un impacto significativo en la economía global y en los modelos de negocio tradicionales.

La economía digital está impactando prácticamente todos los sectores económicos y aspectos de la vida diaria. Si bien ofrece innumerables oportunidades para el crecimiento y la innovación, también plantea desafíos significativos que requieren una atención continua y un enfoque estratégico tanto de los reguladores como de las empresas y sus líderes.

La red de Internet permite la confluencia de los más disímiles aspectos de una economía globalizada, donde se producen múltiples relaciones jurídicas que involucran sujetos de diversas nacionalidades y domicilios en diferentes jurisdicciones internacionales, rigiéndose en consecuencia por diversas legislaciones, fueros jurisdiccionales y autoridades administrativas con *autoritas* en diferentes territorios.

Alphabet, Meta, Amazon, Ebay, Apple, Microsoft y Alibaba, entre otras, son empresas que mantienen un liderazgo importante no solo en la red de Internet, sino en la actividad económica mundial con el alto impacto que tienen en el día a día de los consumidores, en virtud de la amplia variedad de productos disponibles en la red informática. Su capacidad de influenciar los gustos, así como las preferencias y conductas de los consumidores ha sido determinante no solo para dejar de referirnos a la actividad que desarrollan como parte de la economía, sino denominarla la esencia de la economía digital. Esta nueva dinámica de la economía ha motivado y, en cierta forma, obligado a las empresas tradicionales a ajustar sus estrategias al contexto actual. Corporaciones, entidades bancarias y entes gubernamentales han comprendido el impacto de la economía digital y no solo han introducido cambios inmediatos para actualizarse, sino que ya se plantean objetivos a mediano y largo plazo para innovar y mantener su negocio vigente.

Los instrumentos digitales permiten la participación de muchas empresas pequeñas en el comercio mundial, asimismo, apoya a que el capital existente sea más productivo, lo que aumenta la eficiencia y, al alentar la competencia, fomenta la innovación. El Internet, al igual que la energía o el transporte, se ha convertido en una parte esencial de la infraestructura de los países, y su red de servicios en un factor de producción en casi cualquier actividad de toda economía moderna.

El Internet y los demás instrumentos digitales contribuyen a impulsar la economía mediante la expansión del comercio, la mejora de la utilización del capital, la promoción de la competencia y facilidades de ingreso en el mercado, independientemente del perfil del proveedor de bienes y servicios.

No solo se dinamiza a través del Internet la comercialización de bienes, sino también mediante la prestación de servicios, lo cual promueve la desagregación de los procesos productivos. La reducción de costos ha sido uno de los factores determinantes en el crecimiento del Internet, lo cual ha generado un aumento de la eficiencia y la productividad en todos los sectores de la economía. La necesidad de proporcionar confianza a los usuarios del Internet ha promovido un mayor flujo de información por parte de los proveedores de bienes y servicios, lo cual ha incidido en la reducción de los niveles de asimetría de la información entre proveedores y consumidores. Esta reducción ha permitido la preservación de un mejor nivel de equilibrio económico en la ejecución de los contratos en las plataformas en línea. Todas estas circunstancias han incidido en la optimización de la gestión del inventario y de la cadena de suministro, reduciendo así la inactividad de los bienes de capital y los niveles de riesgo.

Cabe destacar que los términos de contratación en las plataformas en línea tienden a establecer decisiones en función de los datos personales disponibles, o historial de búsquedas, la ubicación geográfica o cualquier información recabada de los consumidores, lo cual puede incidir en prácticas de discriminación de precios. Aun cuando pareciera que las negociaciones efectuadas en el Internet no alteran los términos del comercio tradicional, lo cierto es que las empresas de Internet compiten directamente con aquellas empresas que no utilizan la red como medio de intercambio comercial. A partir de tal hecho, los medios sociales compiten en la obtención de ingresos con empresas de publicidad, mediante la colocación de avisos publicitarios en la red, los bancos tradicionales enfrentan la competencia de las redes de dinero móvil y, en general, las empresas de comercio electrónico compiten con empresas de comercio tradicional. Más aún, estas empresas con presencia física tradicional han tendido a ofrecer adicionalmente sus bienes y servicios a través de la plataforma de Internet, con el fin de atender a un segmento de mercado proclive a tomar ventaja de los beneficios del comercio electrónico.

Con el fin de formular ciertos planteamientos sobre el tema propuesto, estimo necesario hacer referencia previa a la importancia de la institucionalidad en la economía tradicional, mientras destaco la invertebrada vinculación existente entre la economía y el Derecho. Sobre esta vinculación, debemos tener presente que desde Adam Smith (Smith, 1961) se ha sostenido que el funcionamiento del mercado como generador de bienestar colectivo, no dependía únicamente de la mano invisible, puesto que la existencia de un aparato de justicia que resolviera las controversias a cargo del Estado era una variable determinante de su funcionamiento. El problema que nos ocupa consiste en intentar analizar los cambios de paradigma generados ante el surgimiento de la economía digital, de manera que podamos determinar de alguna manera cierta las respuestas que yacen detrás de una pregunta central: ¿Cuánto necesita la economía digital del Derecho?

No hace más de una década se tendía a pensar que la revolución informática y las tecnologías de comunicación disponibles empoderaban al individuo frente al Estado. Sin embargo, hoy en día existe el presentimiento, de alguna manera comprobado, de que el uso de medios tecnológicos puede representar una oportunidad para que el Estado avance sin mayores restricciones en la imposición de su agenda para alcanzar control político (Bremmer, 2018, p. 44).

La tecnología que sirve de plataforma en la economía digital es cambiante y variada. Ya no se trata del Internet simplemente, sino de las tecnologías que lo complementan, como las llamadas cadenas de bloque, que utilizan mecanismos criptográficos de interacción descentralizados para el intercambio de activos digitales, mediante contratos inteligentes. Todos estos términos novedosos representan una dimensión desconocida en la que no sabemos a ciencia cierta su alcance y en consecuencia su marco referencial de funcionamiento.

La economía digital amenaza con percolarse en las sociedades, haciendo caso omiso de instituciones centralizadoras, por lo que nos hemos asignado la tarea de considerar si se mantienen el Derecho y las instituciones en la economía digital como una premisa fundamental de desarrollo, al igual como han sido preceptuados para la economía tradicional. En tal sentido, resultará de interés entender por qué las regulaciones son relevantes y de qué manera éstas lo son para impulsar el crecimiento de una nación a través de la economía digital.

Con base en lo anterior, podemos definir la economía digital como los procesos económicos, las operaciones negociales interacciones y actividades basadas en tecnologías digitales.

La economía digital está compuesta de tres elementos claves: (i) la infraestructura digital como *hardware*, redes de conexión, *software*, plataformas de servicios, etc.; (ii) los procesos digitales de las empresas; y (iii) el comercio digital, mediante la venta de bienes y servicios, usando parcial o completamente el Internet. La economía digital también es la respuesta a los retos de las empresas que afectan su desempeño y capacidad de cumplir sus promesas de valor como costos de producción, intermediarios, eficiencia en producción y distribución, así como comunicaciones con el cliente[5].

---

[5] Guía completa sobre la economía digital: qué es, características, ejemplos, importancia | Actividades Económicas

a. Características de la Economía Digital

Cuando se hace referencia a economía digital se tiende a vincular dicho término con las nociones de "plataforma" e "Internet", las cuales se configuran como instrumentos o canales mediante los cuales se desarrolla dicha actividad económica. Por una parte, se entiende por plataforma digital el uso de recursos digitales, incluyendo servicios y contenidos, que permiten interacciones creadoras de valor entre productores y consumidores; por otra parte, la economía del Internet conlleva la realización de intercambios económicos basados en el servicio de Internet, a cuyo ámbito no se limita la economía digital puesto que ésta es desarrollada no sólo mediante el Internet, sino mediante *smartphones,* plataformas API, *blockchain* y demás instrumentos que permitan la realización de la actividad digital.

En términos generales, la economía digital se caracteriza por los aspectos siguientes:

Conocimiento

En la economía digital el conocimiento es el motor, mientras que los recursos tradicionales como capital o trabajo pasan a ser secundarios.

Digitalización

La información es almacenada digitalmente lo que permite la transferencia de enormes cantidades de conocimientos prácticamente de forma instantánea.

Virtualización

En la economía digital las objetos físicos y tangibles se convierten en elementos virtuales. Esto cambia las reglas de interacción y las posibilidades, como bien lo refiere el ejemplo relativo a una aplicación que reemplace el uso de algún método de medición tradicional.

Molecularización

Se produce un cambio de las estructuras tradicionales de trabajo por formas más flexibles. La economía digital amplía el alcance y viabilidad de formas de trabajo como teletrabajo o *coworking*. Las organizaciones sobrevivientes son aquellas que se adaptan rápidamente a los cambios.

Desintermediación

Se reduce el uso de intermediarios pues la tecnología facilita el intercambio de información y productos directamente.

Convergencia

La convergencia de la computación, las comunicaciones y los contenidos es la creadora de la nueva economía digital.

Innovación

A partir de las tecnologías de información se desarrollan nuevos productos y servicios. La imaginación y creatividad se vuelven más valiosos.

Prosumidores

Las personas se convierten en tanto productores como consumidores de contenidos digitales. Los consumidores personalizan sus productos y además participan de la producción de los bienes que compran.

Inmediatez

Los consumidores esperan que los productos sean distribuidos más rápido gracias a las nuevas tecnologías.

Globalización

No existen conocimientos nacionales, con la economía digital se fortalece la globalización. Las compañías tienen mayor acceso a mercados extranjeros.

Discordancia

Las nuevas tecnologías pueden dividir a la sociedad en cuanto van a existir personas que se adaptan rápidamente y aprovechan las tecnologías, mientras que otras quedan por fuera y no se benefician[6].

Los casos prácticos siguientes ilustran cómo los instrumentos digitales y su interacción en la economía pueden transformar diferentes sectores y ayudar a las empresas a alcanzar sus objetivos estratégicos.

Caso Práctico: Expansión de una Empresa de Comercio Electrónico

Empresa: TiendaGlobal

Contexto: TiendaGlobal es una empresa de comercio electrónico que ha tenido éxito en su mercado local y ahora busca expandirse a nivel nacional. La empresa quiere aprovechar las herramientas digitales para aumentar su presencia en línea, mejorar la experiencia del cliente y optimizar sus operaciones logísticas.

Desafío: ¿Cómo puede TiendaGlobal utilizar instrumentos digitales para expandirse con éxito a nivel nacional?

---

[6] Guía completa sobre la economía digital: qué es, características, ejemplos, importancia | Actividades Económicas

Puntos Clave a Considerar:

1. **Mercadeo Digital:**
   - o Implementar campañas de publicidad en redes sociales y Google Ads para atraer a un público más amplio.
   - o Utilizar mercadeo de contenido, *blogs* y SEO para mejorar la visibilidad en motores de búsqueda.

2. **Plataformas de Comercio Electrónico:**
   - o Optimizar su sitio *web* para móviles y asegurar una experiencia de usuario intuitiva.
   - o Utilizar plataformas como Shopify, Magento o WooCommerce para gestionar ventas y pedidos.

3. **Análisis de Datos:**
   - o Implementar herramientas de análisis web como Google Analytics para entender el comportamiento del cliente.
   - o Utilizar datos para personalizar ofertas y mejorar la segmentación de mercado.

4. **Logística y Gestión de Inventarios:**
   - o Integrar sistemas de gestión de inventarios (IMS) y de planificación de recursos empresariales (ERP) para optimizar la cadena de suministro.
   - o Utilizar tecnología de seguimiento en tiempo real para mejorar la eficiencia de las entregas.

5. **Atención al Cliente:**
   - o Implementar *chatbots* y sistemas de CRM para mejorar la atención al cliente y la gestión de relaciones.
   - o Utilizar redes sociales para ofrecer soporte y resolver consultas de manera rápida.

Resultados Esperados:

- Incremento en las ventas y la cuota de mercado a nivel nacional.

- Mejora en la eficiencia operativa y reducción de costos logísticos.
- Mayor satisfacción y lealtad del cliente gracias a una experiencia de usuario optimizada.

Caso Práctico: Transformación Digital de una Empresa Manufacturera

Empresa: IndustriaTech

Contexto: IndustriaTech es una empresa manufacturera que produce componentes electrónicos. La empresa busca adoptar la digitalización para mejorar la eficiencia de su producción, reducir costos y aumentar su competitividad en el mercado global.

Desafío: ¿Cómo puede IndustriaTech integrar herramientas digitales en sus procesos de manufactura para lograr sus objetivos?

Puntos Clave a Considerar:

1. **Internet de las Cosas (IoT):**
    - Implementar sensores IoT en la línea de producción para monitorizar el estado de las máquinas en tiempo real.
    - Utilizar datos de IoT para el mantenimiento predictivo, reduciendo tiempos de inactividad.

2. *Big Data* **y Análisis Predictivo:**
    - Recoger y analizar grandes volúmenes de datos para optimizar los procesos de producción.
    - Utilizar análisis predictivo para prever la demanda y ajustar la producción en consecuencia.

3. **Automatización y Robótica:**
    - Integrar robots industriales en la línea de producción para realizar tareas repetitivas y peligrosas.
    - Utilizar sistemas automatizados para la gestión de inventarios y la logística interna.

4. ***Software* de Gestión de la Producción:**

    o   Implementar un sistema de ejecución de manufactura (MES) para monitorear y controlar la producción en tiempo real.

    o   Utilizar ERP para integrar todos los procesos empresariales y mejorar la toma de decisiones.

5. **Capacitación y Adaptación del Personal:**

    o   Capacitar a los empleados en el uso de nuevas tecnologías y herramientas digitales.

    o   Fomentar una cultura de innovación y adaptación al cambio.

Resultados Esperados:

o   Aumento en la eficiencia de la producción y reducción de costos operativos.

o   Menor tiempo de inactividad y mejora en la calidad del producto.

o   Mayor capacidad para responder a las fluctuaciones del mercado y demandas de los clientes.

Caso Práctico: Implementación de una Estrategia Omnicanal en el Sector Minorista

Empresa: MaxModa

Contexto: MaxModa es una cadena de tiendas de ropa que busca integrar sus canales de venta física y en línea para ofrecer una experiencia de compra fluida y coherente a sus clientes.

Desafío: ¿Cómo puede MaxModa desarrollar y ejecutar una estrategia omnicanal efectiva?

Puntos Clave a Considerar:

1. **Integración de Canales:**
   - Sincronizar el inventario y las ventas entre las tiendas físicas y la plataforma de comercio electrónico.
   - Permitir a los clientes comprar en línea y recoger en la tienda (BOPIS).

2. **Experiencia del Cliente:**
   - Ofrecer una experiencia de usuario coherente en todos los puntos de contacto, incluyendo el portal electrónico, la app móvil y las tiendas físicas.
   - Utilizar tecnología de realidad aumentada (AR) para permitir a los clientes probarse ropa virtualmente.

3. **Mercadeo Personalizado:**
   - Utilizar análisis de datos y CRM para personalizar ofertas y comunicaciones según el comportamiento y las preferencias del cliente.
   - Implementar programas de fidelización y recompensas que se puedan utilizar en todos los canales.

4. **Atención al Cliente:**
   - Ofrecer soporte al cliente a través de múltiples canales, incluyendo *chat* en vivo, redes sociales y teléfono.
   - Implementar *chatbots* para respuestas rápidas y automatizadas a preguntas frecuentes.

5. **Logística y Gestión de Inventarios:**
   - Implementar sistemas de gestión de pedidos (OMS) que integren y optimicen la logística entre los diferentes canales.
   - Utilizar centros de distribución para mejorar la eficiencia de las entregas y reducir los tiempos de espera.

Resultados Esperados:

- Mejora en la satisfacción del cliente y aumento en la lealtad.
- Incremento en las ventas gracias a la mayor flexibilidad y conveniencia para el cliente.
- Optimización de la gestión de inventarios y reducción de costos logísticos.

Caso Práctico: Digitalización del Sector de Servicios Financieros

Empresa: FinanTechSoluciones

Contexto: FinanTechSoluciones es una empresa de servicios financieros que quiere digitalizar sus operaciones para ofrecer productos y servicios innovadores, mejorar la experiencia del cliente y aumentar la eficiencia operativa.

Desafío: ¿Cómo puede FinanTechSoluciones adoptar tecnologías digitales para transformarse en una empresa líder en servicios financieros digitales?

Puntos Clave a Considerar:

1. **Banca Digital y Movilidad:**
   - Desarrollar una plataforma de banca en línea y una aplicación móvil que permita a los clientes gestionar sus cuentas, realizar pagos y acceder a servicios financieros en cualquier momento y lugar.
   - Implementar tecnología de autenticación biométrica para mejorar la seguridad.

2. **Blockchain y Criptomonedas:**
   - Explorar el uso de *blockchain* para mejorar la transparencia y la seguridad de las operaciones negociales.
   - Ofrecer servicios de criptomonedas, como carteras digitales y plataformas de intercambio.

3. **Inteligencia Artificial y Análisis de Datos:**

    o   Utilizar inteligencia artificial para análisis de riesgos, detección de fraude y personalización de servicios.

    o   Implementar análisis de datos para entender mejor el comportamiento del cliente y desarrollar productos financieros personalizados.

4. **Automatización de Procesos:**

    o   Implementar RPA (*Robotic Process Automation*) para automatizar tareas repetitivas y administrativas, mejorando la eficiencia y reduciendo errores.

    o   Utilizar *chatbots* y asistentes virtuales para ofrecer soporte al cliente 24/7.

5. **Educación Financiera:**

    o   Desarrollar programas de educación financiera en línea para ayudar a los clientes a tomar decisiones informadas.

    o   Utilizar contenido interactivo y aplicaciones de juegos para hacer la educación financiera más atractiva y accesible.

Resultados Esperados:

- Mayor satisfacción y retención de clientes gracias a servicios más rápidos, seguros y personalizados.

- Reducción de costos operativos y mejora en la eficiencia gracias a la automatización.

- Innovación continua y capacidad para adaptarse rápidamente a las tendencias del mercado financiero.

Nota: Por tratarse de la prestación de servicios financieros, el desarrollo de las actividades empresariales de FinantechSoluciones estaría sometida al cumplimiento de las obligaciones regulatorias aplicables al sector financiero tradicional, según la jurisdicción de que se trate. Esta circunstancia es tratada en el Capítulo V *infra*.

Capítulo II
EL MERCADO Y LA EMPRESA

II. EL MERCADO Y LA EMPRESA

La digitalización empresarial es una estrategia necesaria. Las empresas son capaces de poner el foco en el cliente final, de manera que toda su estrategia esté dirigida a digitalizar procesos para ser más eficientes y lograr que todos los grupos de interés se vean beneficiados.

En este capítulo exploraré la dinámica existente entre el mercado y la empresa en el contexto contemporáneo. Abordaré cómo las empresas pueden identificar y capitalizar las oportunidades de mercado en un entorno globalizado, donde la competencia es feroz y las expectativas de los consumidores están en constante evolución. Analizaré las estrategias que las empresas pueden emplear para mejorar su posicionamiento y rendimiento en el mercado. También consideraré brevemente cómo las fuerzas macroeconómicas y los cambios demográficos influyen en las decisiones empresariales y en la configuración del mercado.

La adopción tecnológica y la reinvención de procesos dentro de cualquier organización es una necesidad en todas las empresas, multinacionales, grandes o PYMES, independientemente de su sector de operación. El papel de la digitalización en la generación de riqueza de un país es indiscutible, ya que aumenta el valor del PIB y crea nuevos puestos de trabajo. En tal sentido, es importante considerar el comportamiento del índice de digitalización DESI, especialmente a partir del momento que el COVID 19 promovió la aceleración digital en las empresas.

Gráfico 4: Grado de aceleración digital en las empresas

Digitalización de operaciones y creación de un nuevo modelo operativo	50%	30%
Digitalización de la experiencia de cliente	53%	22%
Nuevos modelos de negocio y fuentes de ingresos digitales	46%	17%
Digitalización de la fuerza de trabajo (automatización, inteligencia artificial)	42%	19%

■ Se sitúa meses por delante de lo esperado antes de la pandemia
■ Se sitúa años por delante de lo esperado antes de la pandemia

Fuente: CEO Outlook 2020 COVID-19

1. El Mercado

El mercado es el ámbito de operación y funcionamiento de la actividad empresarial. Existen ciertas variables que son utilizadas para clasificar el mercado, las que determinan su tipología, a saber:

a. Según el Producto

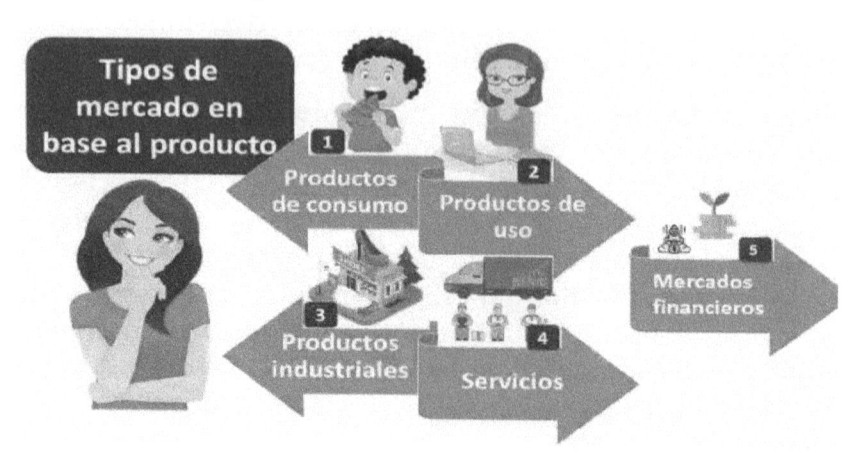

Tipos de mercado en base al producto:
1. Productos de consumo
2. Productos de uso
3. Productos industriales
4. Servicios
5. Mercados financieros

Describir el mercado según el producto implica segmentar los mercados en función del tipo de bien o servicio que se ofrece. Esta clasificación ayuda a las empresas a desarrollar estrategias específicas para diferentes categorías de productos, adaptándose a sus características y necesidades particulares. A continuación, se presentan las principales categorías de mercados basadas en el tipo de producto:

1.1 Mercado de Bienes de Consumo

El mercado de bienes de consumo está compuesto por productos que se compran para uso personal o doméstico. Estos bienes se dividen en dos subcategorías principales: bienes de consumo duraderos y bienes de consumo no duraderos.

Los bienes de consumo duraderos tienen cierta envergadura y tienden a tener una vida útil prolongada, mientras que los bienes de consumo no duraderos tienen una alta rotación y se compran con frecuencia. Las decisiones de compra pueden estar influenciadas por factores emocionales, de marca y de moda. Las estrategias de mercadeo incluyen publicidad masiva, promociones y venta directa al consumidor. Pueden clasificarse en (i) Bienes Duraderos: Productos que tienen una vida útil prolongada, como electrodomésticos, automóviles y muebles; (ii) Bienes No Duraderos: Productos de consumo rápido como alimentos, bebidas, productos de limpieza y artículos de tocador.

1.2. Mercado de Bienes Industriales

El mercado de bienes industriales está compuesto por productos utilizados en la producción de otros bienes o servicios. Estos bienes son adquiridos por empresas y organizaciones. Las decisiones de compra están basadas en criterios técnicos, calidad, precio y fiabilidad del proveedor. Las operaciones en el sector industrial suelen involucrar contratos y acuerdos a largo plazo. El número de compradores es menor que en el mercado de bienes de consumo, pero las operaciones negociales suelen ser de mayor volumen. Pueden clasificarse en (i) productos utilizados en la producción de bienes finales, como minerales, madera y productos químicos; (ii) productos que forman parte de un producto final, como piezas de automóviles y componentes electrónicos; (iii) equipos y maquinaria utilizados en el proceso de producción, como maquinaria industrial y equipos de construcción; y (iv) productos y servicios necesarios para el funcionamiento diario de una empresa, como papel de oficina y servicios de mantenimiento.

1.3. Mercado de Servicios

El mercado de servicios incluye actividades intangibles que se ofrecen a consumidores y empresas para satisfacer necesidades específicas. Los servicios no son objeto de almacenamiento ni son susceptibles de ser inventariados. La producción y el consumo del servicio suelen ocurrir simultáneamente, mientras que la calidad del servicio puede variar dependiendo de quién lo ofrece y en qué circunstancias. Pueden clasificarse en (i) servicios ofrecidos por profesionales como abogados, médicos y consultores; (ii) servicios dirigidos al consumidor final; (iii) servicios dirigidos a empresas; y (iv) servicios proporcionados por el gobierno, como salud, educación y seguridad.

1.4. Mercado de Bienes y Servicios Digitales

El mercado de bienes y servicios digitales incluye productos y servicios que se entregan electrónicamente, a menudo a través de Internet. Los productos y servicios se pueden entregar de manera instantánea a través de plataformas digitales. Los costos de producción adicionales son mínimos, lo que permite una escalabilidad rápida. Los productos y servicios digitales pueden ser fácilmente accesibles a nivel global. Los productos digitales pueden actualizarse y mejorarse continuamente. Pueden clasificarse en (i) programas y aplicaciones móviles utilizados para diversas funciones; (ii) música, películas, libros electrónicos y otros contenidos multimedia; (iii) servicios de almacenamiento, procesamiento y *software* proporcionados a través de la nube; (iv) venta de bienes físicos a través de plataformas en línea.

1.5. Mercado de Bienes de Lujo

El mercado de bienes de lujo está compuesto por productos de alta calidad y precio elevado que se asocian con exclusividad, prestigio y estatus. Los productos de lujo son escasos y exclusivos, lo que aumenta su atractivo. Los bienes de lujo se distinguen por su alta calidad, artesanía y materiales premium. Las marcas de lujo tienen un gran peso en la percepción del producto y su valor. La experiencia de compra es tan importante como el producto en sí, con atención personalizada y servicios adicionales (Kotler, Keller, 2016).

b. Según el Comprador

Describir el mercado según el comprador implica segmentar los mercados en función del tipo de comprador que participa en ellos. Esto ayuda a las empresas a adaptar sus estrategias de mercadeo, ventas y productos para satisfacer las necesidades específicas de diferentes grupos de compradores. A continuación, se presentan las principales categorías de mercados basadas en el tipo de comprador:

1.6. Mercado de Consumidores (B2C - *Business to Consumer*)

El mercado de consumidores está compuesto por individuos que compran bienes y servicios para uso personal o doméstico, no para reventa o producción de otros bienes y servicios. Las preferencias de los consumidores pueden cambiar rápidamente, mientras que las decisiones de compra a menudo están influenciadas por emociones, preferencias personales y tendencias. Se utilizan estrategias de mercadeo directo como publicidad, promociones y ventas personales. Los consumidores pueden segmentarse por demografía, psicografía, comportamiento y geografía.

1.7. Mercado Industrial (B2B - *Business to Business*)

El mercado industrial está compuesto por empresas y organizaciones que compran bienes y servicios para usarlos en la producción de otros bienes y servicios, para reventa o para sus operaciones diarias. Las decisiones de compra suelen basarse en criterios racionales como el precio, la calidad, la fiabilidad del proveedor y las condiciones de pago. Las relaciones comerciales tienden a ser más largas y estables, con contratos y acuerdos a largo plazo. El número de compradores es menor, pero las operaciones suelen ser de mayor volumen. Se utiliza un mercadeo más personalizado y centrado en relaciones, incluyendo ventas directas y estrategias de mercadeo relacional.

1.8. Mercado de Gobierno

El mercado de gobierno está compuesto por entidades gubernamentales locales, estatales y nacionales que compran bienes y servicios para llevar a cabo sus funciones públicas y cumplir con sus responsabilidades. Las compras gubernamentales están sujetas a regulaciones estrictas y procedimientos formales de licitación y contratación. Existe un alto nivel de escrutinio para asegurar transparencia y evitar la corrupción. Las compras suelen ser de gran volumen y pueden tener un impacto significativo en los mercados. Además de criterios económicos, las decisiones de compra pueden estar influenciadas por objetivos sociales y políticos.

1.9. Mercado de Revendedores

El mercado de revendedores está compuesto por intermediarios como mayoristas y minoristas que compran bienes para revenderlos a otros consumidores finales o empresas. Los revendedores están interesados en productos que puedan vender rápidamente y con un margen de beneficio adecuado. Los precios de compra y los márgenes de beneficio son críticos en la toma de decisiones. Las relaciones con los proveedores son importantes para asegurar un suministro continuo y condiciones favorables. Las estrategias de *mercadeo* y *merchandising* son esenciales para atraer a los consumidores finales.

1.10. Mercado Internacional

El mercado internacional abarca compradores de diferentes países que compran bienes y servicios a empresas extranjeras. Las empresas deben adaptarse a diferentes culturas, idiomas y preferencias del consumidor, así como cumplir con diversas regulaciones y normas en los mercados internacionales. Se requiere una logística eficiente para manejar la distribución y el transporte internacional. Las empresas deben desarrollar estrategias de entrada al mercado, como exportación, *joint ventures*, licencias o establecimiento de subsidiarias (Kotler, Keller, *Ob. Cit.*).

c. Según la Competencia

1.11. Mercado de Competencia Perfecta

Un mercado de competencia perfecta es un modelo teórico en el que se cumplen ciertas condiciones ideales que permiten maximizar la eficiencia económica. Las características principales de un mercado de competencia perfecta son: (i) hay tantos compradores y vendedores en el mercado que ninguno de ellos puede influir individualmente en el precio del bien o servicio. Esto significa que todos son tomadores de precios *(price takers)*; (ii) los bienes o servicios ofrecidos por los diferentes vendedores son idénticos o perfectamente sustitutos entre sí. No hay diferenciación del producto; (iii) no existen barreras significativas para que nuevos vendedores entren al mercado o para que los actuales vendedores lo abandonen. Esto asegura que los beneficios económicos a largo plazo tienden a ser normales (cero beneficios económicos); (iv) todos los agentes económicos tienen información completa y perfecta sobre precios, costos y calidad de los productos. Esto implica que los consumidores y productores pueden tomar decisiones racionales y óptimas; y (v) los recursos productivos (trabajo, capital, etc.) pueden moverse libremente entre diferentes usos y localizaciones sin restricciones ni costos.

Los recursos se asignan de manera que se maximiza el bienestar total de la sociedad. El precio de un bien es igual al costo marginal de producirlo, lo que implica que los consumidores pagan un precio igual al costo adicional de producir una unidad adicional del bien. Las empresas producen al menor costo posible. A largo plazo, las empresas operan en el punto más bajo de su curva de costos promedio. Ningún comprador o vendedor tiene el poder de influir en los precios del mercado, lo que lleva a una distribución equitativa de beneficios.

Las limitaciones del modelo incluyen la dificultad de encontrar productos verdaderamente homogéneos, barreras reales a la entrada y salida del mercado, y la imposibilidad de alcanzar información perfecta. Sin embargo, el modelo de competencia perfecta sigue siendo una herramienta útil para entender cómo funcionaría un mercado bajo condiciones ideales y sirve como un punto de referencia para analizar otros tipos de estructuras de mercado.

1.12. Mercado de Competencia Imperfecta

Un mercado de competencia imperfecta se caracteriza por algunos agentes que tienen la capacidad de influir en los precios o en la cantidad de bienes y servicios ofrecidos. Los vendedores o compradores pueden influir en el precio de los productos. Este poder de mercado puede ser ejercido por un único agente o por un grupo pequeño. Los productos no son homogéneos; pueden variar en calidad, características, marca o servicio asociado, lo que permite a las empresas competir no solo en precio sino también en otras características. Existen obstáculos significativos para que nuevas empresas entren al mercado o para que las existentes lo abandonen, como costos iniciales elevados, regulaciones, patentes, o control de recursos clave. Los agentes no tienen acceso completo y perfecto a la información del mercado. Esto puede llevar a decisiones subóptimas y a una competencia menos eficiente.

Tipos de Competencia Imperfecta

Monopolio:

- Un único vendedor domina el mercado y controla la oferta del bien o servicio.
- El monopolista tiene poder para fijar precios, ya que no enfrenta competencia directa.

Oligopolio:

- Un mercado dominado por unas pocas empresas grandes.
- Las decisiones de una empresa afectan a las otras, lo que lleva a comportamientos estratégicos, como la fijación de precios y la colusión.

Competencia Monopolística:

- Muchas empresas compiten, pero cada una ofrece un producto ligeramente diferente.
- Las empresas tienen cierto poder para fijar precios debido a la diferenciación de productos.

Monopsonio:

- Un único comprador domina el mercado.
- El comprador tiene poder para influir en el precio que paga por los bienes o servicios.

La competencia imperfecta en los mercados conlleva una asignación ineficiente de recursos, donde el precio no refleja el costo marginal de producción, y puede resultar en pérdida de bienestar social. Los consumidores pueden enfrentar precios más altos y menos opciones en comparación con un mercado de competencia perfecta. La diferenciación de productos y la competencia no basada únicamente en precios pueden estimular la innovación y ofrecer una mayor variedad de productos a los consumidores. La mayoría de las industrias no cumplen con las condiciones de la competencia perfecta debido a la existencia de diferenciación de productos, barreras de entrada y otras distorsiones del mercado.

d. Mercado de Monopolio Puro

Un mercado de monopolio puro es una estructura de mercado donde una sola empresa es el único proveedor de un bien o servicio específico. Esta situación confiere a la empresa monopolista un poder de mercado significativo, permitiéndole controlar el precio y la cantidad del producto ofrecido. Bajo esta modalidad no hay productos o servicios que sean sustitutos cercanos del bien ofrecido por el monopolista. Los consumidores no tienen alternativas viables. Sin embargo, la cantidad demandada a cada precio depende de la disposición de los consumidores a pagar. Existen barreras significativas que impiden la entrada de nuevas empresas al mercado. Estas barreras pueden ser naturales, legales, tecnológicas o estratégicas. Si es posible, el monopolista puede practicar la discriminación de precios, cobrando diferentes precios a distintos consumidores en función de su disposición a pagar.

Las causas del monopolio pueden estar determinadas por la circunstancia de que una empresa puede producir a un costo más bajo que cualquier competidor potencial, lo que desalienta la entrada de nuevas empresas, o por la empresa monopolista tener el control exclusivo sobre una materia prima esencial. Por otra parte, como consecuencia de la protección legal que concede derechos exclusivos de producción o el derecho exclusivo otorgado por el Estado de operar en ciertos sectores. En este escenario, la empresa puede usar estrategias como la fijación de precios predatoria para eliminar o disuadir a la competencia potencial.

El monopolista puede fijar un precio superior al costo marginal, resultando en una menor cantidad producida y consumida que en un mercado competitivo, lo que genera una pérdida de bienestar social o "pérdida irrecuperable". Sin la presión de la competencia, el monopolista puede no tener incentivos para minimizar costos, lo que puede llevar a una producción ineficiente. El monopolista puede obtener beneficios económicos a largo plazo debido a su capacidad para fijar precios por encima de los costos. El monopolista puede maximizar beneficios al cobrar precios diferentes a distintos grupos de consumidores, dependiendo de su disposición a pagar.

Debido a las posibles consecuencias negativas para los consumidores y la economía en general, los gobiernos a menudo intervienen para regular los monopolios. Las medidas pueden incluir la regulación de precios, la concesión de licencias a competidores, la implementación de leyes antimonopolio y, en algunos casos, la nacionalización de la empresa monopolista.

Un mercado de monopolio puro representa una estructura de mercado extrema y, aunque es raro en su forma más pura, el concepto es crucial para entender las dinámicas de poder de mercado y la necesidad de regulación en ciertos sectores (Perloff, 2017).

e. Según el Área Geográfica

La descripción de un mercado según el área geográfica que abarca puede variar significativamente dependiendo del alcance y la extensión de dicho mercado. Las principales categorías geográficas de los mercados y sus características distintivas son las que se describen a continuación:

1.13. Mercado Local

Un mercado local es aquel que se limita a una ciudad, o localidad específica. Los consumidores y vendedores están en una proximidad geográfica cercana, lo que facilita las operaciones negociales cara a cara. Se caracteriza por la relativa cercanía física entre compradores y vendedores, la cual genera relaciones más personales y directas entre los participantes del mercado. Los costos de distribución y transporte suelen ser bajos. Los productos y servicios pueden adaptarse mejor a las preferencias y necesidades locales.

1.14. Mercado Regional

Un mercado regional abarca una región geográfica más amplia que puede incluir varias ciudades o provincias dentro de un país. El mercado regional cubre un área más amplia que un mercado local, pero aún se mantiene dentro de una región específica y tiene necesidad de desarrollar estrategias logísticas y de distribución más complejas, así como mayor diversidad en las preferencias de los consumidores debido a la inclusión de múltiples áreas.

1.15. Mercado Nacional

Un mercado nacional cubre todo el territorio de un país. Todos los consumidores y vendedores dentro de las fronteras nacionales participan en este mercado y requiere de una red de distribución que cubra grandes distancias y diferentes regiones.

1.16. Mercado Internacional

Un mercado internacional incluye la participación en dos o más países. Las empresas operan y venden sus productos y servicios más allá de sus fronteras nacionales, por lo que requieren adaptarse a diferentes culturas, idiomas y preferencias de los consumidores, así como desarrollar capacidades logísticas para manejar la distribución y transporte entre países. Las empresas que desarrollan su actividad en el mercado internacional enfrentan competencia tanto de empresas locales como de otras multinacionales.

1.17. Mercado Global

Un mercado global se refiere a un mercado donde las empresas operan a nivel mundial, sin limitarse a ninguna región o país específico. Este mercado requiere alta integración económica y comercial a nivel mundial; productos y

Entre 1913 y 1950 la empresa se transforma con el establecimiento de departamentos, con esquemas de financiación, producción y ventas. En esta época, se consolida el sistema de contratación por adhesión y el uso de cláusulas de aceptación implícita como técnicas de comercialización.

Con la Segunda Guerra Mundial, se aceleró el proceso de innovación tecnológica y el diseño, lo cual estableció las pautas del consumo moderno. Entre 1973 y 1990 surge la gran empresa transnacional, con la informática expandiéndose en todos los sectores productivos y de comercialización. Desde la perspectiva contractual, se inician las impugnaciones del contenido de los contratos de adhesión.

En el siglo XXI, se incrementa la propensión a la creación de empresas de servicios, apoyadas por la telemática y los sistemas de innovación tecnológica avanzada, incluyendo la implementación de procesos impulsados por la Inteligencia Artificial. Paralelamente, surgen modelos de contratación electrónicos para la adquisición de bienes de consumo y servicios masivos (Ghersi, 2002, pp. 14-28).

3. La Función Gerencial y de Consultoría Jurídica Empresarial

Dentro de la estructura organizativa de las empresas las figuras de los gerentes de negocios y los consultores jurídicos son determinantes para asegurar el adecuado balance entre proactividad empresarial y adecuada mitigación de riesgos.

Por una parte, los gerentes de negocios tienen como función principal ser responsables de la supervisión y gestión diaria de las operaciones y estrategias que impulsan el crecimiento y la eficiencia de la organización. Entre sus principales responsabilidades podemos destacar que los gerentes de negocios participan activamente en la formulación y ejecución de estrategias empresariales, mediante el desarrollo de planes de acción y la asignación de recursos de manera efectiva para alcanzar estos objetivos. Lo anterior implica un análisis constante del entorno de mercado para adaptarse a los cambios y aprovechar nuevas oportunidades.

Uno de los roles más importantes de los gerentes de negocios es asegurar que las operaciones diarias de la empresa se lleven a cabo de manera eficiente y efectiva. Esto abarca todo, desde la producción, logística y distribución hasta la gestión de la cadena de suministro y el control de calidad. Los gerentes trabajan para optimizar los procesos operativos y mejorar la productividad y eficiencia de la empresa.

Los gerentes de negocios deben motivar a sus equipos para alcanzar los objetivos de la empresa. Esto incluye la gestión de recursos humanos como la contratación, capacitación, desarrollo y evaluación del desempeño, así como fomentar un ambiente de trabajo positivo y colaborativo que permita a los empleados crecer profesionalmente.

Es crucial que los gerentes de negocios tengan una sólida comprensión de las finanzas empresariales. Esto incluye la elaboración y gestión de presupuestos, la supervisión de la salud financiera de la empresa, la realización de análisis financieros y la toma de decisiones basadas en estos análisis, con el fin de disponer de suficientes herramientas para establecer los requerimientos de financiación y la gestión de inversiones y gastos.

Los gerentes de negocios deben tomar decisiones informadas y a veces rápidas que pueden afectar a toda la empresa. Esto requiere una evaluación crítica de información compleja y a menudo incompleta, la identificación de riesgos y oportunidades, y la capacidad de priorizar entre diversas opciones estratégicas.

Los gerentes de negocios tienen como mandato mantener relaciones sólidas con los clientes, interactuando con éstos para entender sus necesidades y expectativas, resolver problemas y asegurar su satisfacción. Esta gestión también incluye el desarrollo de nuevas alianzas y la gestión de relaciones con proveedores y otros socios comerciales.

Los gerentes de negocios deben procurar estar a la vanguardia de la innovación dentro de sus respectivas empresas, buscando maneras de mejorar productos, servicios y procesos, mediante la implementación de nuevas tecnologías, la exploración de nuevos mercados o la adaptación a las tendencias emergentes de la industria.

Los gerentes de negocios, al igual que los consultores jurídicos empresariales, deben procurar preservar la reputación de la empresa, asegurándose que la empresa cumpla con todas las regulaciones y leyes aplicables, para así evitar sanciones legales. Los gerentes de negocios son vitales para el éxito de cualquier empresa, combinando habilidades de liderazgo, gestión, análisis y comunicación para dirigir la organización hacia sus metas y asegurar su sostenibilidad y crecimiento a largo plazo.

Por otra parte, los consultores jurídicos de las empresas son responsables de asegurar que la organización opere dentro de los marcos legales aplicables y para minimizar el riesgo de litigios. Este profesional ofrece asesoría legal especializada que afecta a todas las áreas de la empresa, desde contratos hasta cumplimiento normativo, entre otros aspectos relevantes. El consultor jurídico en el contexto empresarial proporciona orientación legal sobre una amplia gama de asuntos que incluyen operaciones comerciales, estrategias de negocios, fusiones y adquisiciones, y estructuración corporativa. Por ello, debe estar constantemente actualizado acerca de las leyes y regulaciones que puedan afectar a la empresa y sus operaciones.

Entre las funciones del consultor jurídico en las empresas está asegurar que la empresa cumpla con todas las leyes y regulaciones pertinentes, lo que comprende desde regulaciones financieras y de protección de datos hasta normas de seguridad laboral y ambientales. En tal sentido, es importante que el consultor también colabore en desarrollar políticas internas que faciliten el cumplimiento. El consultor jurídico en las empresas tiene un rol crítico no solo en avaluar los riesgos potenciales en las operaciones y operaciones negociales de la empresa, sino también en mitigar estos riesgos a través de asesoría estratégica, redacción y revisión de contratos, y asegurando que la empresa tenga las licencias y permisos adecuados para sus operaciones.

Aunque el consultor jurídico podría no actuar directamente como abogado litigante de la empresa, sí coordina y supervisa el trabajo realizado por las firmas de abogados externos. Además, puede representar a la empresa en negociaciones y acuerdos con otras entidades y organismos reguladores. El consultor jurídico en la empresa debe desarrollar capacidades negociadoras que le permitan transformar su gestión en un instrumento facilitador de soluciones efectivas que promuevan la pronta solución de controversias a través de la negoción, la mediación y el arbitraje, preferiblemente. De hecho, el consultor jurídico a menudo actúa como facilitador en la solución de disputas internas o entre la empresa y terceros. Su habilidad para manejar estos conflictos de manera efectiva puede prevenir litigios costosos y mantener la buena reputación de la empresa.

Para empresas que operan en sectores tecnológicos, creativos, o de investigación y desarrollo, el consultor jurídico juega un papel crucial en la protección de la propiedad intelectual. Esto incluye asegurar que las patentes, marcas, y derechos de autor estén correctamente registrados y protegidos.

Parte del trabajo de un consultor jurídico involucra educar y capacitar a los empleados sobre aspectos legales importantes, como cumplimiento normativo, ética empresarial, y prevención de fraudes. Esto es esencial para fomentar una cultura de cumplimiento y ética dentro de la empresa.

El consultor jurídico contribuye, así mismo, a la planificación estratégica de la empresa, asegurando que las decisiones de negocios consideren todas las implicaciones legales. Esto incluye la evaluación de los impactos legales de las decisiones estratégicas y proporcionar recomendaciones para dirigir la empresa hacia el cumplimiento de sus objetivos comerciales y legales. El consultor jurídico es un aliado clave en la gestión y la configuración de la estrategia de la empresa, proporcionando un enfoque proactivo para el manejo de los asuntos de índole jurídicas que permite a la organización enfocarse en su crecimiento y éxito mientras se minimizan los riesgos empresariales (Swegle, 2020).

4. Tipos de Actividad Empresarial

Las actividades empresariales tienen dinámicas de mercado propias y regulaciones específicas, pudiendo ser ejecutadas conjunta o separadamente, dependiendo del modelo de negocio y la estrategia de mercado aplicada.

Las actividades empresariales pueden clasificarse en diversas categorías según distintos criterios como el sector económico, la naturaleza del producto o servicio, la escala de operación, o el mercado objetivo. Según la producción de bienes, puede tratarse de (i) industria pesada, la cual incluye empresas que producen bienes a gran escala como acero, maquinaria pesada, y vehículos; y (ii) industria ligera, la cual conlleva la fabricación de productos de consumo como textiles, electrodomésticos y muebles.

Según la prestación de servicios, puede tratarse de (i) servicios financieros, los cuales incluyen bancos, aseguradoras, firmas de inversión y otros servicios relacionados con la gestión de dinero; (ii) servicios de salud, incluyendo hospitales, clínicas, y servicios de atención médica; (iii) educación, incluyendo escuelas, universidades y centros de formación; (iv) turismo y hostelería, incluyendo hoteles, restaurantes, agencias de viajes y ocio; (v) servicios profesionales, incluyendo consultorías, firmas de abogados, servicios de ingeniería, y arquitectura, entre otros; (vi) servicios de tecnología de la información, incluyendo desarrollo de *software*, mantenimiento de sistemas, y consultoría en tecnología; y (vii) servicios de transporte y logística, incluyendo compañías de transporte por carretera, aire, mar y servicios logísticos.

Según se trate de una actividad de comercio, ésta puede ser (i) al mayor, mediante la venta de bienes en grandes cantidades a minoristas o distribuidores profesionales, pero no al consumidor final; (ii) minorista, la cual incluye la venta de productos directamente al consumidor final; (iii) mediante comercio electrónico, que incluye la venta de bienes y servicios a través de plataformas digitales, que puede incluir tanto el comercio mayorista como minorista; (iv) de generación y distribución de energía eléctrica, petróleo y gas, así como las energías renovables como la solar y eólica; (v) mediante la agricultura y explotación de recursos naturales, que incluye el cultivo de productos como cereales, frutas y verduras, cría de animales para la venta de carne, leche, o sus derivados, así como la gestión de bosques para la producción de madera y otros productos forestales; (vi) la minería y extracción, lo cual incluye la extracción de minerales, petróleo, gas natural, y otros recursos no renovables; (vii) la construcción residencial, comercial y de infraestructuras; y (viii) las actividades culturales, creativas, medios de comunicación, entretenimiento y publicaciones.

Los emprendimientos pueden clasificarse en diferentes tipos según su naturaleza, objetivos, y los sectores en los que operan. Cada tipo de emprendimiento tiene características y aspectos relevantes únicos que los distinguen y determinan su enfoque, desafíos y oportunidades. La diversidad de emprendimientos en términos de objetivos, sectores y modelos de negocio es fundamental para una economía dinámica y resiliente. Fomentar y apoyar esta diversidad a través de políticas adecuadas, acceso a financiamiento y un entorno favorable para la innovación es crucial para el crecimiento económico y el desarrollo sostenible.

Los emprendimientos tecnológicos están caracterizados por centrar su actividad en el desarrollo de tecnologías innovadoras, como *software*, aplicaciones móviles. Inteligencia Artificial, y *blockchain*, por lo que se benefician de un ecosistema que incluye incubadoras, aceleradoras y centros de tecnología.

Los emprendimientos sociales tienen como objetivo principal resolver problemas sociales o ambientales y generar un impacto positivo en la comunidad, mediante la combinación de una misión social con la viabilidad económica, a menudo reinvirtiendo las ganancias en su misión y utilizando métricas específicas para medir y reportar su impacto social y ambiental.

Los emprendimientos tradicionales, que incluyen a las pequeñas y medianas empresas (PYMEs), operan en sectores tradicionales como comercio, manufactura, servicios, y agricultura, teniendo un crecimiento más lento y sostenido en comparación con los emprendimientos emergentes tecnológicos.

Los emprendimientos de innovación disruptiva están diseñados para escalar rápidamente y capturar grandes porciones de mercado mediante la introducción de modelos de negocio o tecnologías que cambian las reglas del juego en su industria, con el potencial de expandirse globalmente desde etapas tempranas.

Los emprendimientos familiares en los que la propiedad y gestión están en manos de miembros de un grupo familiar, con una visión a largo plazo y un enfoque en la sustentabilidad y legado familiar, pudiendo financiarse con fondos propios o préstamos familiares.

Los emprendimientos de innovación abierta cuyo modelo de negocio se basa en la colaboración y la innovación conjunta con socios externos, como universidades, otras empresas y emprendimientos emergentes, enfocando su actividad en proyectos y prototipos rápidos para validar ideas y soluciones.

Los emprendimientos verdes centran su actividad en desarrollar productos y servicios que tienen un impacto positivo en el medio ambiente, desarrollando tecnologías limpias, como energías renovables, eficiencia energética, y reciclaje, así como otorgando importancia a las certificaciones validadoras de su compromiso con la sostenibilidad.

Los emprendimientos culturales centran su actividad en la creación, producción, y distribución de bienes y servicios culturales, como arte, música, cine, y literatura, mediante la promoción de la innovación y la creatividad artística, combinando elementos tradicionales con nuevas tecnologías[7].

5. La Actividad Empresarial Emergente

La actividad empresarial emergente se refiere al surgimiento y desarrollo de nuevas empresas y emprendimientos emergentes que buscan innovar y "disruptir" los mercados existentes con productos, servicios o modelos de negocio innovadores. Estas empresas a menudo se centran en sectores

---

[7] Clasificación de las Empresas por su Actividad Económica (profinomics.com)

de rápido crecimiento y alta tecnología, como la economía digital, la biotecnología, la Inteligencia Artificial y las energías renovables.

Los emprendimientos emergentes, también conocidos como *startups*, son empresas de actividad incipiente con un modelo de negocio expandible, que buscan desarrollar productos o servicios innovadores y escalables. A menudo se caracterizan por transformar industrias establecidas o crear nuevas categorías de productos y servicios, mediante el uso intensivo de tecnología y su enfoque en la innovación. Estos emprendimientos usualmente utilizan tecnologías emergentes como Inteligencia Artificial, *blockchain*, Internet de las Cosas (IoT), realidad aumentada o virtual, entre otras, para desarrollar sus productos o servicios, mientras adoptan modelos de negocio no convencionales, como suscripciones, plataformas digitales, economía colaborativa, entre otros. Disponen de estructuras organizativas más ágiles que les permiten adaptarse rápidamente a los cambios del mercado y a las necesidades de los clientes.

Los emprendimientos emergentes, a lo largo de su ciclo de desarrollo, pasan por una serie de etapas diferenciadas en las que las necesidades, objetivos y características de cada una varían en gran medida. Al respecto, se pueden diferenciar cinco (5) etapas de evolución de los emprendimientos emergentes, a saber:

Etapa preliminar o *Pre-Seed*:

Esta es la etapa inicial, cuando con una documentación básica se busca convencer a aquellos o aquellas a los que se quiere incorporar en el proyecto objeto de desarrollo. En este momento, aún no existe ni un producto mínimo viable ni un modelo de negocio validado. Este es el momento de formar al equipo inicial, sentar las bases legales a través de un Pacto de Socios y considerar cómo convertir esa idea en un proyecto real o tangible. En países como los Estados Unidos de

América, se pueden conseguir pequeñas inversiones en este momento, originadas por FFF (*Friends, Family and Fools*). En otras jurisdicciones menos vinculadas con el concepto y los riesgos que entrañan los emprendimientos emergentes puede ser complicado acceder a capital en un momento tan temprano, por lo que serán los emprendedores quienes tengan que asumir los costos de la puesta en marcha. Una de las opciones que existen para ayudar en estas primeras etapas es vincular el proyecto con una aceleradora, que puede ayudar tanto ofreciendo incentivos económicos como consejos desde la experiencia profesional. A las aceleradoras que ayudan en esta fase de los emprendimientos emergentes se les suele llamar incubadoras o pre-aceleradoras.

Características:

- Idea sin desarrollar
- Inversión por parte de los emprendedores (fondos propios)
- Búsqueda de validación de la idea.

Etapa Semilla o *Seed*:

La fase *seed* o semilla es quizá una de las etapas de más importancia en el ciclo de desarrollo de un emprendimiento emergente. Es la fase con la que el proyecto se hace realidad y cuyo objetivo fundamental es desarrollar la idea de manera adecuada y validar el modelo de negocio. Durante esta fase se pueden emplear distintas metodologías, siendo habitual utilizar el método *Lean Startup*, para desarrollar un producto mínimo viable que haga posible testear el producto objeto de desarrollo en el mercado, con clientes reales. En esta fase se combina la ilusión inicial del proyecto con la necesidad de definir la idea a través de la iteración. En esta etapa lo más importante es obtener la validación por parte del cliente objetivo. Para ello, probablemente sea necesario trabajar en la idea con la colaboración de mentores y profesionales que puedan ayudar a encaminar al emprendimiento emergente en el rumbo adecuado.

Los programas de aceleración pueden resultar muy útiles para los emprendimientos emergentes, ya que les permitirá acelerar este proceso de ensayo y error, al estar en contacto con profesionales con dilatada experiencia que les ofrecen apoyo personalizado en áreas claves para el desarrollo del emprendimiento emergente. Una vez se tengan los datos suficientes que justifiquen la idea propuesta, se podrá comenzar a crecer. Si el interés es obtener financiación, entonces este sería el momento de comenzar a buscar una pequeña inversión con el apoyo de aceleradoras de emprendimientos emergentes, FFF, *Business Angels* o de fondos orientados a emprendimientos emergentes en fases tempranas.

Características:

- Idea desarrollada con M.V.P.
- Inversión pequeña por parte de FFF, *Business Angels*, fondos especializados.
- Búsqueda de validación

Etapa de inicio o *Early Stage*:

Una vez que el emprendimiento emergente ya tiene su M.V.P. en el mercado y llegan los primeros clientes/usuarios y, especialmente, las primeras métricas, es el momento de mejorar el producto innovador en desarrollo a través de un proceso iterativo, en el que se vaya recogiendo la reacción de los usuarios y se mejoren los fallos. Desarrollar un producto basado en la reacción de los usuarios es vital para el emprendimiento emergente, convirtiendo el M.V.P. en un producto tangible y que la gente pueda utilizar, especialmente pensando en una futura gran escala. Detectar cuáles son las características o funcionalidades más importantes del emprendimiento emergente es una de las tareas más importantes de esta fase, así como asentar las primeras relaciones o acuerdos comerciales de cara al futuro.

En esta fase, es importante plantear de manera adecuada la estrategia de crecimiento del emprendimiento emergente, nuevas contrataciones para el equipo, así como testear adecuadamente las estrategias de captación y distribución del producto, según al segmento que se dirijan.

Características:

- Producto desarrollado
- Búsqueda de socios y alianzas
- Búsqueda de crecimiento
- Inversión de fondos relevantes

Etapa de crecimiento o *Growth Stage*:

Se alcanza esta etapa cuando el emprendimiento emergente ya tiene un producto con su *product-market-fit*, clientes recurrentes de pago y métricas positivas, además de una estrategia de crecimiento definida y una manera de captación probada. En esta fase el emprendimiento emergente debe centrarse en su crecimiento y aumentar tanto los beneficios como el número de clientes, sin olvidarse de continuar mejorando sostenidamente el producto para poder adaptarse al crecimiento del emprendimiento emergente, pudiendo ser una fase de contratación de más personal. En esta etapa, la financiación externa es importante, pero el flujo de caja debe de ser uno de los pilares más importantes para garantizar el éxito del proyecto objetivo y uno de los parámetros en los que más se centrará un analista de un fondo de inversión.

Características:

- Producto validado.
- Etapa de crecimiento rápido.
- Contratación de más personal.

- Inversión relevante, pero debe haber un flujo de caja positivo.

Etapa de Expansión:

Una vez que el producto ya está consolidado en el mercado, es el momento de buscar un mercado más ambicioso, llegando a otras áreas geográficas, nuevos mercados o nichos en los que poder irrumpir con fuerza. Es una etapa crítica, ya que se corren muchos riesgos, y de la elección del área o sector adecuado al que expandirse puede depender el futuro del emprendimiento emergente. La financiación en esta etapa es vital, puede llegar de manera externa, a través de inversión o apoyos de diversa índole, que incluyen fondos propios de la empresa. Además, alcanzar alianzas con grandes empresas ya instauradas en los distintos países o en los distintos sectores a los que se pretende llegar puede ser una manera más sencilla de realizar este proceso.

Características:

- Producto validado
- Expansión internacional
- Necesaria financiación de manera general
- Acuerdos con grandes empresas

Etapa de salida o *Exit*:

Una de las opciones claras de los emprendimientos emergentes corresponde a esta etapa. La salida o *Exit* consiste en vender el emprendimiento emergente y puede ser realizado de diversas maneras: mediante la venta de las acciones de los fundadores a otra compañía[8], mediante la

---

[8] Alphabet, empresa matriz de Google, ha estado en conversaciones para comprar la empresa de ciberseguridad en la nube Wiz, fundada por un grupo de exoficiales militares israelíes, por 23.000 millones de dólares.

integración dentro de otra compañía mayor, o mediante una OPA (Oferta pública de acciones) que significaría su entrada en bolsa. Cabe destacar, de nuevo, que este último paso es opcional, y que el objetivo de muchos emprendimientos

---

Wiz fue fundada hace cuatro años por un cuarteto de ex oficiales militares israelíes con un objetivo: crecer lo más rápido posible para convertirse en la empresa dominante en ciberseguridad en la nube, y luego cosechar la recompensa. Ahora, el presidente ejecutivo, Assaf Rappaport, y sus socios están a punto de hacer precisamente eso, ya que la matriz de Google, Alphabet, ha estado en conversaciones avanzadas para comprar Wiz por 23.000 millones de dólares, informó The Wall Street Journal. Sería la mayor salida de cualquier startup tecnológica desde la oferta pública inicial de 77.000 millones de dólares de Rivian en noviembre de 2021, según Crunchbase. El precio de venta habría sido casi el doble de lo que Wiz fue valorado por sus inversores de capital de riesgo recientemente. Las conversaciones sobre el acuerdo brindan un rayo de esperanza para cientos de otras empresas tecnológicas privadas que buscan una vía de salida. Si bien gigantes como Microsoft y Nvidia han estado en una racha, gran parte del sector de los emprendimientos emergentes fuera de la Inteligencia Artificial está en ruinas gracias a la desaceleración de la financiación de riesgo, un mercado de oferta pública de acciones frío y el escrutinio regulatorio que ha desalentado las adquisiciones. "Este podría ser uno de los mayores y más rápidos rendimientos para una empresa de seguridad privada en la historia de la tecnología", dijo Alex Clayton, socio general de la firma de riesgo Meritech Capital, que no es accionista de Wiz. Rappaport y sus cofundadores Ami Luttwak, Yinon Costica y Roy Reznik se beneficiarían generosamente del acuerdo. Cada uno posee alrededor del 9% de Wiz, según una persona cercana a la compañía, lo que significa que podrían irse con fortunas individuales por valor de unos 2.000 millones de dólares. Los cuatro se conocieron hace más de dos décadas cuando trabajaban en la división de inteligencia cibernética de las Fuerzas de Defensa de Israel llamada Unidad 8200. Los veteranos de la Unidad 8200 también han fundado otras empresas de ciberseguridad muy valoradas, como Palo Alto Networks, Check Point y Fireblocks. En 2012, fundaron su primera empresa de ciberseguridad en la nube, Adallom, que vendieron a Microsoft tres años después por 320 millones de dólares. Pasaron los años siguientes trabajando en la división de computación en la nube Azure del gigante tecnológico antes de fundar Wiz en 2020. How Startup Wiz Went From Zero to a Possible $23 Billion Sale to Google in Four Years - WSJ

emergentes no es realizar una salida, sino convertirse en empresas de alto valor y con larga trayectoria (Swegle, *Ob. Cit.*)[9].

LAS 5 FASES
De una startup.

SEED
La fase semilla es la primera fase de una startup. El objetivo es desarrollar la idea inicial hasta conseguir un M.V.P. que testar en el mercado.
La financiación normalmente viene de Friends & Family & Fools

EARLY
La fase temprana, implica tener un producto en el mercado y las primeras métricas, con el fin de mejorar el producto y encontrar el canal de captación.
La financiación suele ser de manera externa a través de Venture Capital.

START

GROWTH
La fase de crecimiento de la startup se debe centrar en conseguir escalar de manera sostenible.
Si bien la financiación externa es interesante, es importante desarrollar un flujo de caja estable.

EXPANSION
La fase en la que se debe plantear la expansión a nuevos mercados. La elección del lugar concreto es el apartado crítico.
Suele ser imprescindible alcanzar acuerdos con grandes empresas para conseguir la financiación.

EXIT
La fase de vender la startup, ya sea a través de una adquisición por otra compañía o una OPV.

---

[9] Las 5 etapas de un emprendimiento emergente, explicadas con detalle - ABANCA innova

Entre los emprendimientos influenciados por la innovación tecnológica, se pueden identificar los siguientes:

- Inteligencia Artificial: Empresas que desarrollan soluciones basadas en Inteligencia Artificial para diversos sectores, incluyendo salud, finanzas, y mercadeo.

- Logística y Cadena de Suministro: Innovaciones en la gestión de la cadena de suministro, logística y entregas.

- Emprendimientos Fintech: Emprendimientos emergentes que ofrecen servicios financieros innovadores, como pagos electrónicos, préstamos en línea, servicios financieros alternativos, criptomonedas y gestión de inversiones.

- Emprendimientos de Salud Tecnológica: Empresas que desarrollan tecnologías y soluciones para mejorar la atención médica, como telemedicina, dispositivos médicos conectados y aplicaciones de salud, así como herramientas de diagnóstico.

- Emprendimientos de Educación Tecnológica: Emprendimientos emergentes que crean plataformas y herramientas digitales para la educación, como cursos en línea, aplicaciones de aprendizaje y gestión educativa.

- Emprendimientos de Tecnologías Limpias: Emprendimientos enfocados en tecnologías limpias y sostenibles, como energías renovables, eficiencia energética y gestión de residuos.

- Emprendimientos de Comercio Electrónico: Empresas que desarrollan nuevas formas de comprar y vender productos y servicios en línea, a menudo con un enfoque en la experiencia del usuario y la logística eficiente.

- Emprendimientos de Tecnologías Agrícolas: Emprendimientos emergentes que innovan en el sector agrícola a través de tecnología, como sensores para monitoreo de cultivos, drones para agricultura de precisión y plataformas de comercio agrícola.

Independientemente del sector económico en el que se desenvuelven los emprendimientos empresariales impulsados por la innovación tecnológica, éstos se caracterizan por crecer rápidamente sin perder calidad o eficiencia; competir con empresas establecidas y otros emprendimientos emergentes; cumplir con las regulaciones que pueden variar significativamente entre mercados; así como disponer de productos y servicios de avanzada capaces de influenciar las tendencias de consumo que marcan pauta en el mercado. Apuntan a mercados globales desde el principio, aprovechando la conectividad digital para expandirse rápidamente.

A continuación, se presentan tres (3) casos prácticos con el propósito de facilitar la comprensión práctica de los conceptos y planteamientos hasta aquí formulados. El lector puede utilizar los casos, así como las preguntas y respuestas que se ofrecen, para comparar las situaciones y perspectivas descritas y proponer estrategias puntuales. Cabe resaltar que las funciones de los gerentes generales y los consultores jurídicos de empresa se entrelazan al analizar los diversos riesgos que se plantean al ejecutar las operaciones empresariales, indistintamente del sector de que se trate, especialmente ante el creciente proceso de digitalización que se manifiesta y el interés del Estado en imponer regulaciones de diversa índole.

Caso Práctico: La Expansión Internacional de "Tech Wiz"

Contexto

Tech Wiz es una empresa de tecnología en crecimiento que ha tenido éxito en su mercado local. La empresa se especializa en soluciones de *software* para la automatización de procesos empresariales. Tras consolidar su posición en el mercado local, la dirección ha decidido expandirse a mercados internacionales, comenzando por Europa y América Latina.

Desafíos

1. Adaptación del Producto: Ajustar el *software* a las regulaciones y necesidades locales de cada nuevo mercado.
2. Estrategias de Mercadeo: Desarrollar campañas de mercadeo que tengan impacto con los diferentes públicos en Europa y América Latina.
3. Gestión del Talento: Contratar y gestionar talento local para facilitar la expansión.
4. Cumplimiento Legal: Identificar las diferentes regulaciones y leyes aplicables en cada país.

Preguntas y Respuestas

1. ¿Cuáles son los primeros pasos que Tech Wiz debe tomar para adaptar su producto a los mercados europeos y latinoamericanos? Tech Wiz debe realizar un análisis de mercado para identificar las necesidades específicas y las regulaciones locales en cada país. Esto incluye adaptar el idioma del *software*, garantizar el cumplimiento de las leyes de protección de datos y ajustar las funcionalidades para satisfacer las demandas locales. Además, es esencial establecer un equipo de soporte local para asistir a los clientes en su idioma y zona horaria.

2. ¿Qué estrategias de mercadeo podría utilizar Tech Wiz para atraer clientes en Europa y América Latina? Tech Wiz debería desarrollar estrategias de mercadeo personalizadas para cada región. En Europa, podría enfocarse en campañas de

mercadeo digital, utilizando canales como LinkedIn y *webinars* técnicos. En América Latina, podría ser más efectivo utilizar redes sociales populares como Facebook e Instagram, y asociarse con *influencers* locales del sector tecnológico. Además, participar en ferias y eventos tecnológicos regionales puede aumentar la visibilidad de la marca.

3. ¿Cómo puede Tech Wiz gestionar el talento local en sus nuevos mercados? Tech Wiz debe contratar profesionales locales con experiencia en el mercado tecnológico y que comprendan las particularidades del mercado local. La empresa puede establecer oficinas regionales y ofrecer capacitación para asegurar que los empleados estén alineados con la cultura y los objetivos de la empresa. Además, es fundamental fomentar un ambiente inclusivo y de colaboración entre los equipos locales e internacionales.

4. ¿Qué consideraciones legales debe tener en cuenta Tech Wiz al expandirse internacionalmente? Tech Wiz debe asegurarse de cumplir con las leyes y regulaciones locales en cada país, incluyendo leyes de protección de datos (como el GDPR en Europa), regulaciones fiscales, leyes laborales y normativas de comercio electrónico. Es recomendable trabajar con consultores legales locales para entender mejor el marco regulatorio y evitar posibles sanciones.

5. ¿Cómo puede Tech Wiz proteger su propiedad intelectual en nuevos mercados? Tech Wiz debe registrar sus patentes, marcas y derechos de autor en cada nuevo mercado donde opere. Es crucial trabajar con abogados especializados en propiedad intelectual para asegurarse de que todas las protecciones legales necesarias estén en su lugar. Además, la empresa debe estar preparada para actuar rápidamente en caso de infracción de propiedad intelectual.

6. ¿Cuáles son los principales riesgos legales asociados con la expansión internacional y cómo pueden mitigarse? Los principales riesgos legales incluyen el incumplimiento de regulaciones locales, disputas laborales, y litigios por propiedad intelectual. Para mitigar estos riesgos, Tech Wiz debe realizar un *due diligence* exhaustivo antes de ingresar a

111

nuevos mercados, establecer políticas internas robustas para el cumplimiento legal, y mantener una comunicación constante con asesores legales locales.

Caso Práctico: La Transformación Digital de "Farmacia Vizcaya"

Contexto

Farmacia Vizcaya es una cadena de farmacias establecida en una región rural, conocida por su atención personalizada y una clientela leal. La empresa ha decidido iniciar una transformación digital para mejorar la eficiencia operativa, ampliar su alcance y ofrecer servicios en línea a sus clientes.

Desafíos

1. Implementación de Tecnología: Integrar sistemas de gestión de inventario, ventas y atención al cliente.
2. Cambio Cultural: Capacitar al personal para adaptarse a los nuevos sistemas y procesos digitales.
3. Estrategias de Mercadeo Digital: Atraer y retener clientes a través de plataformas en línea.
4. Logística y Entrega: Establecer un sistema eficiente de entrega a domicilio para áreas rurales.

Preguntas y Respuestas

1. Pregunta: ¿Qué pasos debe seguir Farmacia Vizcaya para implementar la tecnología necesaria para su transformación digital? Farmacia Vizcaya debe comenzar por realizar una evaluación de sus necesidades tecnológicas y seleccionar sistemas que se integren bien con sus operaciones actuales. La implementación de un *software* de gestión de inventario y ventas en línea es crucial. Además, deben considerar la creación de una plataforma de comercio electrónico y un sistema de CRM (*Customer Relationship Management*) para gestionar la relación con los clientes.

2. ¿Cómo puede Farmacia Vizcaya manejar el cambio cultural dentro de la empresa durante la transformación digital? Farmacia Vizcaya debe proporcionar formación continua a su

personal sobre el uso de nuevas tecnologías y procesos. Es importante involucrar a los empleados en el proceso de cambio, escuchando sus inquietudes y ofreciendo apoyo. Fomentar una cultura de innovación y adaptabilidad ayudará a que el personal se sienta más cómodo con los cambios.

3. ¿Qué estrategias de mercadeo digital puede utilizar Farmacia Vizcaya para atraer y retener clientes en línea? Farmacia Vizcaya puede utilizar estrategias como SEO (optimización para motores de búsqueda) para mejorar su visibilidad en línea, mercadeo en redes sociales para conectar con sus clientes, y campañas de mercadeo por correo electrónico para mantener informados a sus clientes sobre ofertas y nuevos productos. Además, ofrecer un programa de lealtad en línea y descuentos especiales para compras en línea puede incentivar a los clientes a utilizar los nuevos servicios.

4. ¿Qué consideraciones logísticas debe tener Farmacia Vizcaya para implementar un sistema de entrega a domicilio eficiente? Farmacia Vizcaya debe establecer un sistema de gestión de pedidos que permita rastrear las entregas y optimizar las rutas de reparto. Considerar alianzas con empresas de logística locales puede ser una buena opción. También es importante garantizar la seguridad y la integridad de los productos farmacéuticos durante el transporte. Ofrecer múltiples opciones de entrega, como entrega el mismo día o al día siguiente, puede mejorar la satisfacción del cliente.

5. ¿Qué aspectos legales debe considerar Farmacia Vizcaya al ofrecer servicios en línea y entrega a domicilio? Farmacia Vizcaya debe asegurarse de cumplir con las regulaciones de comercio electrónico, incluyendo la protección de datos personales y la seguridad de las operaciones negociales en línea. Además, debe cumplir con las normativas específicas para la venta y distribución de medicamentos, como la necesidad de recetas o notas de prescripción médica para ciertos productos y la correcta manipulación y transporte de productos farmacéuticos.

Consultar con un abogado especializado en comercio electrónico y regulaciones farmacéuticas es esencial.

6. ¿Cómo puede Farmacia Vizcaya garantizar la protección de datos personales de sus clientes en línea? Farmacia Vizcaya debe implementar políticas de privacidad robustas y utilizar tecnologías de seguridad avanzadas, como el cifrado de datos y sistemas de autenticación segura. Es importante que los clientes estén informados sobre cómo se utilizarán y protegerán sus datos. Además, la empresa debe cumplir con las regulaciones de protección de datos aplicables, como el GDPR en Europa o la Ley de Protección de Datos Personales en su país de operación.

Caso Práctico: La Estrategia de Sustentabilidad de "SuperAgro"

Contexto

SuperAgro es una empresa agrícola que ha decidido adoptar prácticas de agricultura sostenible para reducir su impacto ambiental y mejorar su reputación en el mercado. La empresa quiere implementar técnicas de cultivo orgánico, reducir el uso de pesticidas y fertilizantes químicos, y mejorar la eficiencia en el uso del agua.

Desafíos

1. Implementación de Prácticas Sostenibles: Adaptar las operaciones agrícolas a métodos más sostenibles.

2. Educación y Capacitación: Educar a los empleados y socios sobre las nuevas prácticas sostenibles.

3. Certificación Orgánica: Obtener certificaciones que avalen las prácticas sostenibles de la empresa.

4. Mercadeo Verde: Comunicar eficazmente las iniciativas sostenibles a los clientes y consumidores.

Preguntas y Respuestas

1. ¿Qué pasos debe seguir SuperAgro para implementar prácticas de agricultura sostenible? SuperAgro debe realizar una evaluación exhaustiva de sus operaciones actuales para identificar áreas de mejora. Implementar técnicas de cultivo orgánico, como la rotación de cultivos y el uso de compost, es esencial. Reducir el uso de pesticidas y fertilizantes químicos mediante métodos biológicos y mejorar la eficiencia en el uso del agua mediante sistemas de riego por goteo y recolección de agua de lluvia son pasos fundamentales.

2. ¿Cómo puede SuperAgro educar y capacitar a sus empleados y socios sobre las nuevas prácticas sostenibles? SuperAgro debe organizar talleres y sesiones de capacitación sobre prácticas de agricultura sostenible. Proporcionar materiales educativos y recursos en línea también puede ser útil. Involucrar a expertos en sostenibilidad para que compartan sus conocimientos y experiencias puede inspirar y educar al personal. Además, fomentar una cultura de sostenibilidad dentro de la empresa asegurará un compromiso a largo plazo con las nuevas prácticas.

3. ¿Qué consideraciones debe tener SuperAgro para obtener certificaciones orgánicas? SuperAgro debe investigar los requisitos específicos de las certificaciones orgánicas pertinentes a su región y tipo de cultivo. Esto puede incluir prácticas específicas de cultivo, registros detallados de las operaciones y un período de transición durante el cual se implementan prácticas orgánicas. Trabajar con organizaciones certificadoras reconocidas y mantener una comunicación continua con ellas asegurará que SuperAgro cumpla con todos los requisitos necesarios.

4. ¿Qué estrategias de mercadeo verde puede utilizar SuperAgro para comunicar sus iniciativas sostenibles a los clientes? SuperAgro puede utilizar varias estrategias de mercadeo verde, como destacar las prácticas sostenibles en su sitio web y redes sociales, etiquetar los productos con certificaciones orgánicas y sostenibles, y participar en eventos y ferias de agricultura sostenible, crear contenido educativo,

como blogs y videos, sobre la importancia de la agricultura sostenible y atraer a consumidores conscientes del medio ambiente.

5. ¿Qué implicaciones legales debe considerar SuperAgro al adoptar prácticas sostenibles y obtener certificaciones orgánicas? SuperAgro debe asegurarse de cumplir con todas las regulaciones y leyes locales e internacionales relacionadas con la agricultura sostenible y la certificación orgánica. Esto incluye regulaciones ambientales, leyes de uso de la tierra, y normativas de etiquetado de productos orgánicos, así como trabajar con abogados especializados en Derecho ambiental y regulaciones agrícolas es crucial para garantizar el cumplimiento legal y evitar sanciones.

6. ¿Cómo puede SuperAgro gestionar los riesgos legales asociados con la transición a prácticas agrícolas sostenibles? SuperAgro debe realizar una evaluación de riesgos legales antes de la transición y desarrollar un plan de mitigación. Esto incluye asegurar que todos los contratos con proveedores y socios cumplan con los nuevos estándares sostenibles y capacitar al personal sobre las nuevas regulaciones. Además, mantener una comunicación abierta con las autoridades regulatorias y obtener las certificaciones necesarias reducirá significativamente los riesgos legales.

Los emprendimientos emergentes tienen ante sí múltiples desafíos. Por una parte, requieren disponer de adecuada capacidad financiera para poner en marcha y hacer crecer el negocio, mediante rondas de financiación que les permitan mantener un flujo constante de capital de trabajo en función de su respectivo nivel de operación. Por otra parte, los emprendimientos emergentes tienen una competencia tanto con empresas establecidas como otros emprendimientos emergentes en el mismo segmento de mercado. Esta competencia está enormemente influenciada por una eficiente gestión de recursos financieros, tecnológicos y humanos, asegurando que la calidad del producto o servicio se mantenga a medida que la empresa crece, mientras se logre adaptar a cambios en las regulaciones que pueden afectar el modelo de negocio. Esta gestión empresarial debe estar apalancada por una estrategia dirigida a atraer y retener el talento humano que representa la fuente de alimentación de la gestión empresarial. Mantener empleados altamente calificados y motivados es crucial para el éxito.

La actividad empresarial emergente juega un papel crucial en la economía moderna, impulsando la innovación, la competitividad y el crecimiento económico. Aunque enfrentan numerosos desafíos, estos emprendimientos también presentan oportunidades significativas para transformar industrias y abordar problemas globales. El apoyo a estas empresas, tanto en términos de financiamiento como de un entorno regulatorio favorable, es esencial para fomentar su desarrollo y maximizar su impacto positivo.

6. La Competencia entre los Emprendimientos Emergentes y las Grandes Empresas

La competencia entre los emprendimientos emergentes y las grandes empresas es una dinámica compleja que influye en la innovación, el desarrollo de mercados y la evolución de diferentes industrias.

Los emprendimientos emergentes tienden a ser más ágiles y flexibles, capaces de innovar rápidamente y adaptarse a los cambios del mercado, mediante la utilización de nuevos modelos de negocio y tecnologías disruptivas. Por su parte, las grandes empresas cuentan con recursos significativos para invertir en investigación y desarrollo, que han utilizado para establecer planes estratégicos de innovación que les permiten competir mejor con los emprendimientos emergentes.

Los emprendimientos emergentes a menudo enfrentan limitaciones de recursos y financiamiento, mientras las grandes empresas pueden financiar grandes proyectos de innovación y desarrollo, con el propósito de adquirir emprendimientos emergentes para incorporar innovación. Por otra parte, los emprendimientos emergentes pueden lanzar productos y servicios al mercado más rápidamente debido a su estructura menos jerárquica, capacidad de tomar decisiones rápidas y menores barreras regulatorias resultado de la actividad innovadora que desarrollan.

Los emprendimientos emergentes, aparte de promover un ambiente creativo orientado a la innovación y al riesgo, utilizan estrategias digitales de punta para acceder a mercados establecidos y construir una base de clientes amplia, mientras que las grandes empresas poseen una base de clientes establecida, una red de distribución global y marcas reconocidas, lo que les da una ventaja competitiva en el acceso al mercado. Todo ello, sin perjuicio de la tendencia de los emprendimientos emergentes de formar alianzas estratégicas con grandes empresas para acceder a recursos, tecnología y mercados más amplios, mientras las grandes empresas colaboran con los emprendimientos emergentes a través de programas de aceleración, incubación y fondos de capital de riesgo corporativo para impulsar la innovación. Estas sinergias frecuentemente resultan, no solo en la cooperación en medio de un ámbito de competencia para ciertos proyectos innovadores, pudiendo resultar en la adquisición por las grandes empresas de emprendimientos emergentes para incorporar nuevas tecnologías y talento, y así mantenerse competitivas.

7. La Transformación Digital de las Empresas

Las tecnologías digitales como Internet, *blockchain* y la Inteligencia Artificial están revolucionando la actividad empresarial. Están impulsando la innovación, mejorando la eficiencia operativa y transformando las interacciones entre empresas y clientes. Las empresas que adopten estas tecnologías tendrán una ventaja competitiva significativa en el mercado global. Sin embargo, también deben navegar desafíos como la seguridad, la privacidad y la gestión del cambio para aprovechar plenamente los beneficios de estas tecnologías emergentes.

Los gobiernos continúan alineando las prioridades de la economía digital directamente con ciertos objetivos socioeconómicos, como mejorar la atención de la población en general en las áreas de salud, educación, igualdad social, entre otras, con el fin de promover crecimiento económico y mayor inserción social. Entre las principales prioridades están los incentivos para fomentar el acceso a las redes de banda ancha de alta velocidad y la revisión de las normativas para mejorar la velocidad y la cobertura de los servicios de comunicación. Tales esfuerzos vienen acompañados por la implementación de estrategias nacionales dirigidas a promover la seguridad digital, mientras se toma en cuenta la necesaria protección de la privacidad de los usuarios y consumidores.

Un creciente número de países ha puesto en marcha iniciativas destinadas a ayudar a las empresas emergentes o a las pequeñas y medianas empresas (PYME) jóvenes a través de aceleradoras o incubadoras, y han promovido aplicaciones y servicios digitales por intermedio de múltiples políticas públicas que conllevan la conformación de alianzas entre el sector público y el sector privado. Asimismo, la transformación digital del empleo ha desencadenado revisiones de las leyes y las normas laborales específicas del sector. Mientras tanto, a medida que evoluciona el mercado del comercio electrónico, también lo hacen las respuestas políticas para proteger a los consumidores y garantizar la confianza, por intermedio de la aplicación de marcos regulatorios que otorguen protección al consumidor en los mercados de plataformas digitales y en el comercio electrónico transfronterizo.

La transformación digital es una oportunidad que debe ser bienvenida, pero también trae consigo ciertos desafíos que deben gestionarse. En términos generales, la transformación digital está cambiando el mundo más rápido de lo que han evolucionado las regulaciones en un mundo cada vez más digitalizado[10].

En el contexto del sector financiero, su actividad se ha visto enormemente impactada por los avances de la economía digital y todos los elementos complementarios que le acompañan. Se ha producido un cambio de paradigma por lo que concierne a los instrumentos, los modelos de negocio y las plataformas de acceso mediante los cuales se ha tradicionalmente desarrollado la actividad financiera.

En el caso de la actividad bancaria, se ha producido una evolución a partir de una economía tradicional dominada por entidades bancarias, entidades de ahorros y préstamos, cooperativas de crédito, casas de cambio, entidades emisoras de tarjetas de crédito y débito, entre otras, hasta llegar a un mercado bancario dinamizado en la era digital por la presencia disruptiva de neobancos, prestadores de fondos no bancarios, carteras móviles, pagadores móviles no bancarios, remesadoras de pagos y clubes prestadores de fondos, entre otros participantes. Asimismo, la actividad aseguradora y la del mercado de valores han pasado de ser ejecutadas, la primera por empresas de seguro y la segunda por corredores de valores y asesores de inversión, a actividades desarrolladas en la economía digital por cuentas de agregadores financieros, Robot asesores o *Roboadvisors*, cripto activos, ofertas iniciales de monedas digitales, cadenas de bloques o *blockchain*. De hecho, algunas de las áreas más activas de la innovación Fintech incluyen o giran en torno a: Criptomonedas (Bitcoin, Ethereum, etc.), *tokens* digitales (por

---

[10] Home | OECD iLibrary (oecd-ilibrary.org)

ejemplo, NFT) y efectivo digital[11]. Estos a menudo se basan en la tecnología *blockchain*, que es una tecnología de contabilidad distribuida (DLT) que mantiene registros en una red de computadoras, pero no tiene un libro mayor central.

8. Competencia Desleal y Arbitraje Competitivo

En el entorno empresarial moderno, la competencia desleal y el arbitraje competitivo son aspectos críticos que las empresas deben abordar para mantener una competencia justa y sostenible.

a. Competencia Desleal

La competencia desleal se refiere a prácticas empresariales engañosas o deshonestas que distorsionan la competencia en el mercado. Sus tipos incluyen difamación comercial, publicidad engañosa, apropiación indebida de secretos comerciales, uso indebido de marcas registradas y prácticas anticompetitivas como el *dumping* y la colusión.

Muchas jurisdicciones están fortaleciendo las leyes contra la competencia desleal para proteger a los consumidores y a las empresas honestas, mientras las autoridades regulatorias están adoptando enfoques más rigurosos para hacer cumplir estas leyes y sancionar a los infractores. En paralelo, se verifica un mayor énfasis en la protección de marcas registradas, patentes y derechos de autor para prevenir la apropiación indebida de activos intelectuales, mientras se refuerzan las leyes que protegen los secretos comerciales contra el robo y el espionaje corporativo.

---

[11] Cryptocurrency Explained With Pros and Cons for Investment (investopedia.com)

El dinamismo del mercado y la incidencia de la información en los mercados y el público en general ha provocado regulaciones más estrictas sobre la publicidad engañosa, con requisitos de transparencia y veracidad en las campañas de mercadeo, así como la supervisión de las prácticas de mercadeo de *influencers* para garantizar que las recomendaciones sean auténticas y no engañosas. Lo anterior ha promovido el uso de tecnología avanzada para monitorear el mercado en busca de prácticas desleales y recopilar pruebas de infracciones, acompañado por la implementación de programas de cumplimiento interno en empresas para garantizar que las prácticas comerciales cumplan con las leyes y regulaciones, así como programas de capacitación para empleados sobre prácticas comerciales justas y las consecuencias legales de la competencia desleal y campañas para educar a los consumidores sobre sus derechos y cómo identificar prácticas desleales.

b. Arbitraje Competitivo

El arbitraje competitivo se refiere a la práctica de aprovechar las diferencias de precios o condiciones de mercado entre diferentes regiones o plataformas para obtener beneficios. Esta práctica puede incluir el arbitraje de precios, arbitraje de criptomonedas, y arbitraje de productos.

En el contexto actual, estas prácticas contemplan el uso de diversas plataformas de intercambio de criptomonedas para aprovechar las variaciones de precios entre ellas, así como la implementación de *bots* y algoritmos automatizados para ejecutar operaciones negociales de arbitraje rápidamente y maximizar las ganancias; el monitoreo constante de precios en diferentes mercados de comercio electrónico para identificar oportunidades de arbitraje; y la utilización de estrategias de *dropshipping* para vender productos a precios más altos en mercados con mayor demanda.

En el ámbito financiero, se verifica el aprovechamiento de las diferencias en los tipos de cambio entre diferentes mercados de divisas, así como el uso de productos financieros como futuros y opciones para realizar operaciones de arbitraje, además de la identificación de discrepancias de precios en productos y materias primas entre diferentes regiones geográficas, así como la implementación de sistemas logísticos eficientes para mover productos rápidamente entre mercados y capitalizar las diferencias de precios.

Las prácticas desleales pueden desincentivar la innovación y la inversión en nuevas tecnologías y producir distorsiones en el mercado que requieren mayor supervisión para prevenir abusos y asegurar que se realicen de manera ética, así como la aplicación de requisitos de transparencia y divulgación para operaciones de arbitraje, asegurando que no se aprovechen injustamente de las disparidades del mercado.

La competencia desleal y el arbitraje competitivo presentan desafíos y oportunidades en el entorno empresarial actual. Las tendencias actuales se centran en fortalecer la regulación, mejorar la transparencia y fomentar la competencia leal. Al mismo tiempo, las empresas deben adoptar prácticas éticas y responsables para mantener la confianza del mercado y proteger los derechos de los consumidores. La vigilancia continua y la adaptación a las nuevas realidades del mercado son esenciales para asegurar un entorno competitivo justo y sostenible.

Capítulo III

CRITERIOS CONVENCIONALES DE REGULACIÓN EMPRESARIAL

III. CRITERIOS CONVENCIONALES DE REGULACIÓN EMPRESARIAL

Antes de formular consideraciones acerca de la regulación y su alcance es oportuno hacer referencia a la fuente de la regulación, es decir, el Estado. ¿Qué es un Estado? Según Macchiavello los Estados, independientemente que hayan sido o sean repúblicas o principados, son todas aquellas denominaciones que hayan ejercido y ejercen soberanía sobre los hombres. Weber al respecto indicaba que el Estado es una unidad institucional productora de normas y que monopoliza el uso legal de la fuerza (Anodio, 2009, p. 31).

"El estado como forma moderna de poder, constituye una entidad histórica, una síntesis de elementos y factores naturales, económicos, sociales y culturales; una creación humana, la organización que ha adquirido la lucha por el poder, en un determinado período de la vida de los pueblos que integran la humanidad. Ahora bien, esta forma de concebir y de practicar las relaciones de poder y de dominación, la organización de la vida de relación, el intercambio permanente de hombres y cosas, en fin, la vida social, ha tenido un origen y una evolución, y es posible visualizar su desarrollo histórico futuro. El Estado es un fenómeno globalizante, pues constituye el marco cuadro en el que se desenvuelve la vida de relación, o vida social. Es una forma política, es decir, una manera de organizar las relaciones de producción, el intercambio incesante de los hombres, y su necesaria dependencia de una estructura de autoridad" (Meier, 1980, p. 41-43).

La intervención del Derecho en la economía tiende a formularse primeramente por intermedio de leyes y demás disposiciones normativas. De modo complementario, los individuos adecuan mediante los acuerdos contractuales los términos y las condiciones que prevalecen en sus actividades en sociedad, lo cual implica que los contratos se configuran como leyes entre las partes contratantes.

Debe ser responsabilidad de los poderes públicos atender los intereses generales y las necesidades de los ciudadanos. Esta responsabilidad se ve reflejada en la actividad económica a través de la actividad de policía desarrollada por el Estado, mediante la cual emite ordenes, que impone coactivamente para delimitar la actividad privada y evitar que ésta atente contra el orden público económico o afecte a los intereses generales.

La globalización de las economías y la progresiva apertura a nivel mundial de la actividad económica en manos del sector privado recondujo la función del Estado de prestador de servicios a garante del funcionamiento y la calidad de los servicios, circunstancia que propulsó la función reguladora del Estado, entendida no como el poder de dictar normas, sino de utilizar todos los instrumentos, normativos y ejecutivos, para orientar el funcionamiento de los mercados hacia la competencia e imponer obligaciones de servicio público a los operadores para que su natural afán de beneficio fuera compatible con las exigencias del interés general.

Si el cambio de posición de Estado en relación con la economía se hizo de todo punto evidente, también lo fue la necesidad de ajustar los viejos paradigmas de intervención. Ese cambio es el que se expresa y concreta en la función pública de regulación. A partir de esta noción regulatoria, el Estado hace las veces de garante del adecuado funcionamiento y buena calidad de los servicios, requiriendo que las empresas prestadoras de bienes y servicios dispongan de las condiciones necesarias para ser eficientes en su gestión con el fin de maximizar su utilidad y proporcionar satisfacción a los consumidores y usuarios.

Tradicionalmente, se ha conceptualizado la regulación como el control sostenido y enfocado de una agencia pública sobre actividades socialmente valoradas (Selznick, 1985). En la actualidad, la regulación no está limitada a un control sostenido de una agencia pública sobre actividades socialmente valoradas. De hecho, existen diferentes mecanismos estratégicos que pueden incidir en la regulación propuesta, tales como los incentivos que se propongan para inducir una conducta receptiva por parte de los agentes regulados.

La regulación debe ir orientada, en consecuencia, a establecer pautas de funcionamiento que denoten flexibilidad en la operación empresarial, mientras se mantenga la vigilancia debida para intervenir según sea necesario para corregir los fallos de los mercados y procurar que se satisfagan principalmente a través de los mercados las necesidades públicas.

No debe asumirse que la regulación se manifiesta necesariamente en un marco de competencia plena. Pareciera que la meta en el asunto regulatorio y funcionamiento del mercado es promover la concurrencia de empresas públicas y privadas, según sea efectivamente necesario, en cualquier sector económico, siempre y cuando actúen en el marco de la economía de mercado.

La historia ha evidenciado que las formas de regulación por parte del Estado pueden llegar a ser imprevisibles y matizadas por la inclinación de sesgos políticos aplicados por el Estado. Ante tal situación, la regulación debe caracterizarse como una herramienta de políticas públicas que promuevan innovación empresarial, aplicando mecanismos de corrección de los fallos del mercado con el fin de garantizar los intereses generales, mediante el impulso de instrumentos de cooperación entre reguladores, tal como ocurre en la actualidad en el seno de la Unión Europea, a fin de generar una armonizada centralización de las políticas de supervisión de los mercados.

Según el filósofo francés L. Le Fur, las ideas actuales tienden a separarse de las de los siglos pasados en lo que se refiere a la aparente contraposición existente entre el Derecho individual y el Derecho social. Primero, no se trata de una situación contrapuesta, sino más bien de una situación complementaria en los aspectos individuales y sociales del Derecho. Segundo. Al lado del contrato que, con la ley, engendra todo el Derecho, éste reposa sobre la voluntad del individuo o del Estado, acompañado por la institución, el hecho normativo. Tercero, el Derecho es el gran vínculo de las sociedades humanas, basado inicialmente en la subordinación, leyes, estatutos, ordenanzas, que emanan en principio del Estado. En paralelo, el principio de coordinación —referido a los contratos entre individuos y grupos secundarios— con base en la validez de los contratos, conlleva el reconocimiento de la legislación del Estado.

Siendo el hombre un fin en sí mismo, la reglamentación estatal debe tender a dignificarlo, a otorgarle seguridad y a proporcionarle bienestar, preservando su personalidad. Si esta última es avasallada por la reglamentación, el hombre deja de ser un fin en sí mismo, para convertirse en un medio, o un esclavo de la omnipotencia gubernamental. Esta situación nos coloca ante el enorme crecimiento de Estado y la eventual absorción por éste de la vida individual y social, por un lado, y el aniquilamiento del hombre como persona, por el otro (Le Fur, *Ob. Cit.*, pp. 15-60).

Según aseveraba García Máynez, los preceptos del Derecho pretenden valer de manera absoluta, de aquí que el legislador no tome en cuenta si los destinatarios reconocen como justa y legítima la conducta que de ellos se exige (García Máynez, 1959, p. 10).

La regulación representa el cúmulo de un entramado que conlleva, por lo menos, aspectos económicos, políticos y jurídicos. En tal sentido, toda disposición abstracta encierra en potencia una serie infinita de normas concretas y todo acto jurídico es actualización de un precepto general. Subordinado a las leyes y por ellas condicionados aparecen los actos jurídicos en su infinita variedad y multiplicidad. Tales actos no son otra cosa que la individualización de preceptos generales. Según Merkl, se trata de normas especiales o individualizadas, para distinguirlos de las leyes, a las que llama normas generales o abstractas, las que en su conjunto conforman el orden jurídico (García Máynez, *Ob. Cit.* p. 18).

La existencia de un contrato está condicionada por ciertas disposiciones de carácter general, que establecen las formas de contratación, las reglas de capacidad, los requisitos de validez y las consecuencias jurídicas de los diversos negocios. Un negocio jurídico concreto, que en relación con tales normas se halla en un plano de subordinación, constituye, en relación con las partes, y en lo que concierne a las consecuencias de la operación, una norma o conjunto de normas determinantes. En este sentido, se dice que los contratos son leyes para las partes. Dicha ley es condicionante de las consecuencias del negocio, a su vez, se hallan condicionados por ella (García Máynez, *Ob. Cit.*, p. 18).

En lo que concierne al orden jurídico, éste es una larga jerarquía de preceptos, cada uno de los cuales desempeña un doble papel, a saber: por una parte, en relación con los que están subordinados, tiene carácter normativo, mientras que, por la otra, en relación con los supra ordinados, es acto de aplicación. Entonces, todas las normas (generales o individualizadas, abstractas o concretas) poseen dos caras, como la testa de Jano: si se las examina desde arriba, aparecen ante nosotros como actos de aplicación; si se hace lo propio desde abajo, como normas (García Máynez, *Ob. Cit.*, p. 18).

ORDENACIÓN JERÁRQUICA DE LOS DISTINTOS CONCEPTOS DE REGULACIÓN

Primer nivel	Estado v. Sociedad
Segundo nivel	Derecho v. Política
Tercer nivel	Restricción libertades económicas v. Restricción otras libertades-promoción de libertades
Cuarto nivel	Intervención administrativa v. Restricción legislativa-acción judicial
Quinto nivel	Intervención ex ante en mercados imperfectos v. Defensa de la competencia

1. La Función Reguladora del Estado

El Estado como forma histórica de poder tiene su origen en la sociedad moderna que debe su auge al régimen capitalista de producción y organización de la vida de relación. El estado moderno aparece como una entidad autónoma respecto de la sociedad y de los ciudadanos y su autonomía respecto a las formaciones sociales de todo tipo constituye su nota característica y su toque distintivo como organización moderna (Córdova, 1976, pp. 15-27).

El Estado tiene dos formas esenciales de participar en la economía. La primera, mediante la regulación de toda aquella actividad económica de su interés. La segunda, mediante la participación directa en dicha actividad, como un operador adicional que compite con el sector privado.

Desde la perspectiva regulatoria, si se asume que el mercado es perfecto en su funcionamiento, éste supuestamente no requerirá regulación alguna. Sin embargo, los mercados perfectos son una quimera, por lo que se puede anticipar que el Estado tenderá a regular en mayor o menor medida, ya sea por vía directa o indirecta, la actividad económica de su interés para alcanzar los objetivos socioeconómicos pretendidos en sus políticas públicas. De allí que las regulaciones dictadas al amparo de dichas políticas públicas reflejarán en buena medida la agenda política del gobierno de turno. En tal sentido, es pertinente preguntar ¿Qué actividades deben ser ejecutadas por el Estado? ¿Y cuáles deberían ser ejecutadas según las leyes del mercado? Las respuestas a esas preguntas centrales serían planteadas desde el punto económico, siguiendo el concepto de eficiencia de Pareto, según el cual habrá una asignación de recursos eficiente en la medida que nadie pueda estar en una mejor posición, sin que otro esté en otra peor posición. Es decir, si se ha alcanzado un nivel de eficiencia de Pareto, no será posible alcanzar mejores posiciones de las ya obtenidas (Coyle, 2020).

Ante tal planteamiento, el nivel de eficiencia de los mercados es un criterio determinante para poder verificar cuándo es oportuno y en qué medida se debe producir la intervención regulatoria del Estado.

Es discutible si el Derecho debe estar determinado por las variables económicas, o si más bien, debe limitarse a interpretarlas para con ello configurar un conjunto de disposiciones regulatorias.

Las modalidades de regulación impuestas por el Estado pueden variar según el interés de éste de proteger a aquellos que percibe en minusvalía, promoviendo el interés general de la sociedad algunas veces en detrimento de la libertad de empresa y contratación.

La intervención del Derecho en la economía debe atender al marco socioeconómico establecido en la Constitución de la nación de que se trate para asegurar que las leyes promulgadas respeten los principios constitucionales que conforman dicho marco socioeconómico, mediante un adecuado balance institucional, jurídico, económico y social.

La regulación debe procurar eficiencia en la actividad objetivo, estableciendo criterios coherentes que promuevan un servicio empresarial innovador que esté en capacidad de atender puntualmente los intereses generales de la sociedad en la medida que la solidaridad lo requiera y la asociación entre el sector privado y el sector público lo determinen.

Si consideramos la relación Estado-sociedad, es responsabilidad de los poderes públicos atender los intereses generales y las necesidades de los ciudadanos. Esta responsabilidad se ve reflejada en la actividad económica a través de la actividad de policía desarrollada por el Estado, mediante la cual emite ordenes, que impone coactivamente para delimitar la actividad privada y evitar que ésta atente contra el orden público económico o afecte a los intereses generales. La globalización de las economías y la progresiva apertura a nivel mundial de la actividad económica en manos del sector privado recondujo la función del Estado. Este pasó de prestador de servicios a garante del funcionamiento y la calidad de los servicios, circunstancia que propulsó la función reguladora del Estado. Esta función debe ser entendida no como el poder de dictar normas, sino de utilizar todos los instrumentos, normativos y ejecutivos requeridos para orientar el funcionamiento de los mercados hacia la competencia e imponer obligaciones de servicio público a los operadores para que su natural afán de beneficio fuera compatible con las exigencias del interés general. Si el cambio de posición del Estado en relación con la economía se hizo de todo punto evidente, también lo fue la necesidad de ajustar los viejos paradigmas de intervención. Ese cambio es el que se expresa y concreta en la función pública de regulación (Muñoz Machado, 2010, p. 18).

A partir de esta noción regulatoria el Estado hace las veces de garante del adecuado funcionamiento y buena calidad de los servicios, requiriendo que las empresas prestadoras de bienes y servicios dispongan de las condiciones necesarias para ser eficientes en su gestión con el fin de maximizar su utilidad y proporcionar satisfacción a los consumidores y usuarios. La regulación debe ir orientada, en consecuencia, a establecer pautas de funcionamiento que denoten flexibilidad en la operación empresarial, mientras se mantenga la vigilancia debida para intervenir según sea necesario para corregir los fallos de los mercados y procurar que se satisfagan principalmente a través de los mercados las necesidades públicas.

La concepción regulatoria del Estado tiene su origen en el proceso de intervención del Estado en la actividad económica para la prestación de servicios públicos necesarios para la colectividad. El servicio público puede ser definido como la actividad administrativa de naturaleza prestacional destinada a satisfacer necesidades colectivas de manera regular y continua, previamente calificada como tal por un instrumento legal, realizada directa o indirectamente por la administración pública y por tanto sujeta a un régimen de Derecho público (Peña Solís, 2002, pp. 432 a 433). Por su parte, Castañé resalta el propósito de satisfacer una necesidad básica y directa del ciudadano, cuando señala que el servicio público, ya sea propio o impropio, consiste en una prestación obligatoria y concreta de naturaleza económico social que satisface una necesidad básica y directa del habitante (Castañé, 2002, p. 295).

Posteriormente, los esfuerzos regulatorios estuvieron caracterizados por el interés del Estado en permitir la tutela indirecta de tales servicios por medio de la prestación controlada a través de empresas privadas, mediante esquemas de concesión otorgados por el Estado en favor de empresas del sector privado que operaban según los lineamientos establecidos en el régimen de concesión determinado al efecto. Luego, ante el proceso de globalización de la economía mundial ha habido una tendencia hacia los procesos de privatización que han adjudicado a las empresas del sector privado la propiedad y operación de las actividades antes conducidas por el Estado, lo cual requirió que el Estado estableciera mecanismos de control y supervisión en las actividades económicas, sin alcanzar a intervenir en la gestión operativa o de dirección de tales empresas.

Esta tendencia ha estado matizada en algunas economías subdesarrolladas por la reiterada e ineficiente expansión del Estado empresario, que compite con las empresas del sector privado como un participante privilegiado del mercado, al intervenir administrativamente en paralelo en la gestión de dichas empresas, según ocurre en países como Venezuela en pleno siglo XXI, hasta coartar de forma definitiva su capacidad de gestión autónoma, alcanzando o intentando alcanzar todas las formas de producción, transformación, transporte y prestación de servicios de cualquier clase. Semejante aproximación ha permitido configurar "empresas destinadas a la defensa nacional" bajo la directriz directa del Estado intervencionista. Tal accionar regulatorio representa un retroceso importante en el proceso de desarrollo económico de las naciones que lo intentan con los consecuentes resultados adversos para la sociedad intervenida por las condiciones de producción, rendimiento y precios impuestas por el Estado.

El cambio de paradigma mayormente registrado deja a un lado la estatización para dirigir la actividad económica hacia un proceso de mayor liberación según el cual los consensos en materia regulatoria son determinantes para alcanzar y mantener el adecuado equilibrio entre (i) la gestión empresarial con rasgos innovadores y (ii) la preservación del interés general de la sociedad conformada por consumidores de bienes y usuarios de servicios proporcionados por las empresas del sector privado al amparo de las directrices regulatorias establecidas por el Estado. Ante tal situación, la regulación debe caracterizarse como una herramienta de políticas públicas que promuevan innovación empresarial, aplicando mecanismos de corrección de los fallos del mercado con el fin de garantizar los intereses generales, mediante el impulso de instrumentos de cooperación entre reguladores, tal como ocurre en el seno de la Unión Europea, a fin de generar una armonizada centralización de las políticas de supervisión de los mercados (Aarons, 2019, p. 295).

Si consideramos que la regulación representa un movimiento oscilante reiterado de intervención, ajuste o relajamiento de la gestión del Estado en la actividad económica de las empresas. En principio, habría cuatro grandes aproximaciones para justificar de algún modo la regulación, desregulación o ausencia de regulación, a saber: (i) interés público, (ii) grupos de interés; (iii) aspectos institucionales; y (iv) el poder de las ideas (Baldwin *et al*, 2012).

La regulación, además de ser el resultado de un proceso político e institucional del Estado, es un proceso dinámico que está caracterizado por la consumación de un ciclo que comprende, primero, la aplicación de regulaciones ante las fallas manifiestas de mercado; segundo, aplicación de ajustes regulatorios dirigidos a atender las fallas regulatorias subsiguientemente identificadas (etapa de desregulación); tercero, la aplicación de regulaciones complementarias para atender las eventuales fallas surgidas ante las medidas de desregulación implementadas (Betancor, 2009, p. 28).

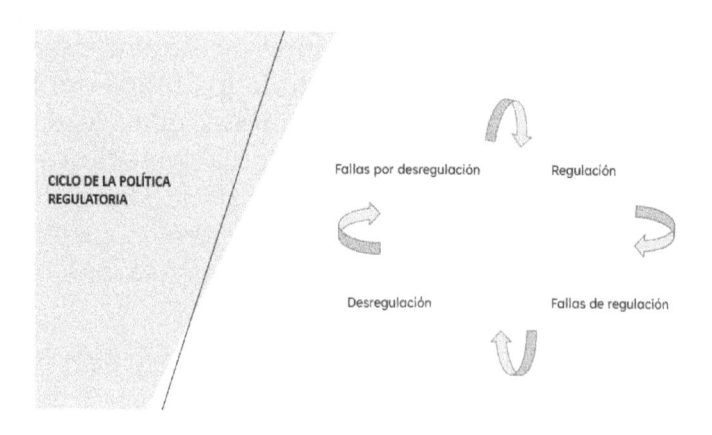

CICLO DE LA POLÍTICA REGULATORIA

- Fallas por desregulación
- Regulación
- Fallas de regulación
- Desregulación

Independientemente del tipo de regulación aplicable y de la motivación del Estado para promoverla, la mejor regulación es aquella que atienda criterios objetivos que contribuyan a alcanzar efectividad y eficiencia. Primeramente, la regulación debe ser necesaria; segundo, se debe asegurar que exista proporcionalidad entre la falla verificada y las medidas regulatorias correctivas aplicables; tercero, la regulación debe ser aplicada solo en caso de no existir una solución alternativa para subsanar la falla verificada; cuarto, la regulación debe ser resultado de un proceso de configuración, aprobación e implantación abierto y transparente para los agentes económicos; quinto, tanto el Estado como los diferentes agentes intervinientes en la regulación y su ejecutoria deben ser responsables por sus actuaciones; sexto, la regulación debe establecer medios idóneos para su ejecución efectiva; séptimo, la regulación debe ser comprensible para la población objetivo; y octavo, si existe la oportunidad de que los agentes económicos puedan promover esquemas de autorregulación, entonces mucho mejor!

PRINCIPIOS DE LA MEJOR REGULACIÓN

NECESIDAD	PROPORCIONALIDAD	SUBSIDIARIDAD	TRANSPARENCIA
ACCOUNTABILITY	ACCESIBILIDAD	SIMPLICIDAD	AUTOREGULACIÓN

Caso Práctico: Mercado de Abastos "La Fruta para Todos"

Antecedentes: En la Ciudad del Desarrollo, se encuentra el mercado de abastos "La Fruta para Todos", el cual ha estado experimentando una serie de problemas en su funcionamiento. La demanda de frutas y verduras frescas por parte de los habitantes de la ciudad es alta, pero la oferta de productos de calidad es limitada. Como resultado, se han formado largas colas de consumidores que esperan pacientemente para adquirir sus productos, reflejando una situación de sobresaturación y oferta insuficiente en el mercado.

Análisis Comparativo: Para analizar la situación del mercado "La Fruta para Todos" de manera analógica, vamos a compararla con un sistema de transporte público en la misma ciudad. Imaginemos que el servicio de autobuses en la Ciudad del Desarrollo es ineficiente y no logra satisfacer la demanda de los ciudadanos. Esto provoca largas colas en las paradas de autobuses, mostrando una capacidad excedida y procesos ineficientes similares a los que se evidencian en el mercado de abastos.

Medidas Correctivas Propuestas: Para abordar las deficiencias en el funcionamiento tanto del mercado "La Fruta para Todos" como del sistema de transporte público en la Ciudad del Desarrollo, se proponen las siguientes medidas correctivas:

1. **Mercado "La Fruta para Todos":**
   - Establecer alianzas con productores locales para aumentar la variedad y cantidad de frutas y verduras frescas disponibles en el mercado.
   - Implementar un sistema de control de calidad para garantizar que todos los productos ofertados sean frescos y de buena calidad.
   - Mejorar la logística de distribución para reducir los tiempos de espera de los consumidores y evitar la formación de largas colas.

2. **Sistema de Transporte Público:**
   - Incrementar la flota de autobuses y mejorar la frecuencia de las rutas para satisfacer la demanda de transporte de los ciudadanos.
   - Implementar tecnologías de información para monitorear y gestionar de manera más eficiente la operación de los autobuses.
   - Ofrecer incentivos para fomentar el uso del transporte público y reducir la cantidad de vehículos en circulación, aliviando la sobresaturación en las paradas.

Conclusión: Al abordar las deficiencias en el funcionamiento del mercado "La Fruta para Todos" y del sistema de transporte público de la Ciudad del Desarrollo a través de medidas correctivas específicas, se busca mejorar la fluidez y eficiencia de ambos sistemas, beneficiando tanto a los consumidores que esperan en largas colas como a los usuarios del transporte público. La aplicación de estas medidas regulatorias contribuirá a mitigar las deficiencias y a promover un mejor funcionamiento de los servicios en la ciudad.

La "cultura de la cola" se refiere a la aceptación y normalización de largas esperas en filas o colas para recibir servicios, productos o realizar trámites en diversos contextos. Cuando la sociedad se acostumbra o resigna a esperar prolongadamente en colas interminables y sucesivas, se forma esta cultura que puede perpetuar la ineficiencia y la insatisfacción de los usuarios.

A manera de ejemplo, se podría hacer uso del caso práctico anterior para formular ciertas consideraciones acerca de las eventuales justificaciones para promover la regulación en diferentes ámbitos. La regulación juega un papel crucial en mitigar la "cultura de la cola", ya que establece normas y prácticas que buscan mejorar la eficiencia y la calidad de los servicios, evitando que las personas se acostumbren a esperas excesivas. Algunas formas en las que la regulación puede contribuir a mitigar la "cultura de la cola" son las siguientes:

Establecimiento de Tiempos Máximos de Espera: Las regulaciones pueden fijar límites de tiempo para la atención en servicios públicos o comerciales, evitando que se formen colas interminables y obligando a los proveedores a optimizar sus procesos.

Implementación de Sistemas de Turnos o Citas: A través de regulaciones que promuevan el uso de sistemas de gestión de turnos o citas previas, se puede reducir el tiempo de espera en las colas y mejorar la planificación de los servicios.

Control de la Calidad y Eficiencia de los Servicios: Las regulaciones pueden exigir estándares de calidad y eficiencia en la prestación de servicios, incentivando a los proveedores a mejorar sus procesos para reducir las esperas y satisfacer las necesidades de los usuarios.

Transparencia y Acceso a la Información: Mediante regulaciones que promuevan la transparencia en la gestión de colas y la divulgación de información sobre tiempos de espera, los usuarios pueden tomar decisiones informadas y los proveedores pueden identificar áreas de mejora.

La regulación adecuada puede ser una herramienta efectiva para cambiar la "cultura de la cola" al fomentar la eficiencia, la calidad y la equidad en la prestación de servicios. Al establecer normas claras y mecanismos de control, se puede mitigar la aceptación de colas interminables y promover una experiencia más satisfactoria para los usuarios.

2. Los Modelos Socioeconómicos y la Actividad Empresarial

Los modelos socioeconómicos influyen profundamente en la manera en que se desarrolla la actividad empresarial. Cada modelo tiene sus propias características, ventajas y desventajas, y afecta las decisiones de las empresas en cuanto a inversión, producción, innovación y competencia. Los diferentes modelos socioeconómicos impactan la actividad empresarial según lo determinen las características propias de los esquemas planteados.

a. Capitalismo Liberal

El capitalismo liberal se caracteriza por el predominio de la libre competencia con mínima intervención del Estado, estando la mayoría de los medios de producción en manos del sector privado y teniendo incentivos al lucro. De hecho, las empresas operan principalmente en busca de ganancias. Este modelo promueve la innovación y competitividad en la actividad empresarial, cuya gestión financiera está apalancada en mercados financieros desarrollados que facilitan el acceso al capital. Sin perjuicio de las bondades de este modelo, el mismo puede conducir a desigualdades económicas significativas. Es el caso de los Estados Unidos de América, cuya economía está basada en el libre mercado con regulaciones sectoriales específicas.

b. Capitalismo Social de Mercado

El capitalismo social de mercado combina una economía de mercado con políticas sociales robustas. El Estado interviene para corregir desigualdades y asegurar un bienestar social mínimo. Prevalece un sistema extenso de seguridad social y servicios públicos, lo cual es utilizado como un mecanismo para generar mayor estabilidad sociopolítica y atraer inversiones. Sin embargo, la presencia de un mayor número de regulaciones puede limitar la flexibilidad empresarial, al extremo de afectar los niveles de competitividad y, en consecuencia, alterar el equilibrio entre competitividad e igualdad social.

c. Socialismo de Mercado

El socialismo de mercado conjuga la planificación central de algunos sectores estratégicos que pueden estar bajo el control del Estado, con la coexistencia de empresas públicas y privadas. Se priorizan los objetivos sociales junto con los económicos, mientras se despliega una fuerte inversión estatal en infraestructura y servicios básicos, menor competencia en sectores controlados por el Estado. La innovación puede ser impulsada en sectores estratégicos con apoyo estatal.

d. Economías Mixtas

Las economías mixtas mezclan la propiedad y gestión pública y privada. El Estado regula y a veces participa directamente en la economía, promoviendo programas de bienestar social y redistribución de ingresos. Mientras los regímenes regulatorios pueden ser complejos, afectando la agilidad empresarial, las empresas pueden beneficiarse de las oportunidades tanto del sector público como del privado. Bajo este esquema se puede lograr un equilibrio entre innovación y estabilidad social.

Independientemente del tipo de modelo económico, es crítico apuntar que existen ciertas circunstancias críticas que el Estado debe considerar, tales como las políticas gubernamentales pretendidas por el gobierno de turno; las prioridades y salvaguardas ambientales; las prioridades establecidas en relación con las políticas de competencia que promuevan mercados justos y competitivos; los estímulos para estimular la inversión y favorecer la innovación; la disponibilidad de infraestructura como transporte y telecomunicaciones para promover eficiencia empresarial; sistemas de educación y salud robustos para facilitar una fuerza laboral productiva y saludable; y el establecimiento de niveles razonables en salarios mínimos. Por otra parte, los emprendimientos empresariales deben tener capacidad de adaptarse al proceso de globalización imperante; disponer de una adecuada gestión capaz de asegurar una cadena de suministro sostenible, adaptable a tecnologías emergentes y digitalización de procesos; capacidad de adoptar prácticas empresariales sostenibles para cumplir con regulaciones ambientales y expectativas de los consumidores; e integrar políticas de Responsabilidad Social Corporativa (RSC) para contribuir positivamente a la sociedad y mejorar la imagen corporativa.

Los modelos socioeconómicos tienen un impacto significativo en la actividad empresarial, afectando cómo las empresas operan, compiten e innovan. Entender estas dinámicas es crucial para los empresarios y los responsables políticos, ya que les permite diseñar estrategias y políticas que aprovechen las ventajas y mitiguen las desventajas de cada modelo. La capacidad de adaptarse a las regulaciones, aprovechar las oportunidades del mercado y responder a los desafíos globales determinará el éxito de las empresas en un entorno económico en constante cambio.

3. Esquemas de Regulación

En términos generales, existen tres corrientes principales para justificar la regulación. Una corriente promovida por Pigou, según la cual el bien común es el principio fundamental de la regulación (Pigou, 1938). Según esta corriente, se hace valer las bondades de los bienes públicos y la existencia de agentes externos positivos y negativos que requieren acciones por parte del Estado, ante las fallas de los mercados como consecuencia de las asimetrías de información, agentes externos y la existencia de monopolios o carteles. Entonces, el bien común solo podría ser garantizado por el Estado; una segunda corriente, promovida por Coase, según la cual se destaca el rol de los contratos y la autorregulación como sistemas descentralizados de resolución de conflictos (Coase, 1960). Presupone la existencia de un sistema judicial eficiente que facilita la atención efectiva de las fallas del mercado sin mayor intervención de la regulación a nivel público; y una tercera corriente que plantea la captura del Estado como problemática que promueve la desregulación, entendiendo a la regulación como un instrumento utilizado de manera coordinada por los grupos de interés para obtener beneficios de la población (Stigler, 1971, p. 3).

La regulación en algunos sistemas jurídicos está determinada en función del interés público, el cual se traduce en el interés del Estado de proteger y beneficiar al público en general. Sin embargo, esta perspectiva pudiera estar afectada por varios factores, entre los que destacan (i) la eventual dificultad de conciliar diferentes entendimientos del interés público; (ii) asumir el altruismo de quienes tienen la responsabilidad de regular; (iii) no tomar en consideración la influencia que pueden llegar a tener los grupos de interés sobre algún regulador (Baldwin et al, 2012).

Por otra parte, algunos expertos aseveran que la regulación o desregulación es adquirida por la industria y está diseñada y operada principalmente para sus beneficios (Stigler, *Ob. Cit.*, p. 4). Alternativamente, los grupos de interés podrían identificar situaciones de "captura" del regulador, incitadas principalmente por intereses políticos cuando hay beneficios concentrados y costos difusos. Para los promotores de las teorías institucionales las instituciones estructuran acciones y preferencias y éstas son determinadas por las acciones de individuos y organizaciones (Black, 1997, p. 77). Estas tendencias son también influenciadas por el poder de las ideas aplicadas como resultado del proceso de internacionalización en materia regulatoria y la similitud en el tratamiento de las instituciones económicas sectoriales.

4. La Autorregulación

La autorregulación es concebida como la articulación de nuevas estrategias reguladoras por parte de los poderes públicos para mejorar la participación y la responsabilidad de los particulares en el cumplimiento de ciertos objetivos de carácter público, preservando la eficiencia de la regulación estatal (OECD, 2005). La coexistencia de normas formales con otros instrumentos no formales hace que la autorregulación sea voluntaria y se sustente en la cooperación de todas las partes interesadas, sin las restricciones territoriales que afectan a los poderes públicos en comparación con el alcance globalizado que disfrutan los operadores económicos. La autorregulación es un fenómeno vinculado al proceso de globalización, puesto que la misma es primordialmente aplicable en los mercados que desarrollan su actividad en sectores fuertemente internacionalizados. En tal sentido, el Libro Blanco sobre la Gobernanza Europea se refiere a la necesidad de fomentar la autorregulación (Darnaculleta, 2010, p. 636). Según entendemos, la autorregulación se configura como una estrategia estatal de regulación bajo diversas fórmulas de articulación jurídica.

La autorregulación es un fenómeno vinculado al proceso de globalización, puesto que la misma es primordialmente aplicable en los mercados que desarrollan su actividad en sectores fuertemente internacionalizados. Frente a la capacidad de autorregulación del mercado planteada por los economistas liberales, que postulaban la teoría de la "mano invisible" como mecanismo natural de autorregulación de los mercados, surge posteriormente la doctrina keynesiana, según la cual ciertos fallos estructurales de mercado deben ser corregidos mediante la acción reguladora del Estado. (Muñoz Machado, 2009, pp. 88 y 89).

En la actualidad, la autorregulación es concebida como la articulación de nuevas estrategias reguladoras por parte de los poderes públicos para mejorar la participación y la responsabilidad de los particulares en el cumplimiento de ciertos objetivos de carácter público, preservando la eficiencia de la regulación estatal[12].

La coexistencia de normas formales con otros instrumentos no formales hace que la autorregulación sea voluntaria y se sustente en la cooperación de todas las partes interesadas, sin las restricciones territoriales que afectan a los poderes públicos en comparación con el alcance globalizado que disfrutan los operadores económicos. La autorregulación se configura como una estrategia estatal de regulación bajo diversas fórmulas de articulación jurídica.

La autorregulación consiste en la tendencia de los subsistemas de auto organizarse, a establecer su propio lenguaje, sus propios valores, sus códigos internos, sus procedimientos y sus protocolos de actuación, todo ello generando un encapsulamiento de los subsistemas; es decir, de la industria, de los mercados o de un específico sector profesional, por medio de la adopción de un *"Derecho reflexivo, como instrumento capaz de comprender a la sociedad y sus dinámicas"* (Bourdieu, Teubner, 2000, pp. 105, 106). De allí surge la noción de "gobernanza", entendida como un estilo novedoso de gobierno, distinto del modelo que apunta al control jerárquico y caracterizado por un mayor grado de cooperación y por la interacción entre lo público y lo privado (Maynitz, R., 2000. pp. 35-42).

---

[12] *Recommendation of the Council of the OECD on improving the Quality of Government Regulation*, 9 de marzo de 1995 y OECD *Guiding Principles for Regulatory Quality and Performance*, abril 2005.

147

En los Estados Unidos de América, la autorregulación de las plataformas de Internet y sus servicios se ha configurado como un esquema que responde a los estímulos, positivos o negativos, del Estado para promover la adopción de códigos de conducta o sistemas de autocontrol, cuando se pretende evitar la aprobación de una regulación pública más rigurosa en un determinado sector de actividad. El Derecho comunitario europeo, por su parte, introduce y fomenta múltiples técnicas de autorregulación regulada sin recurrir al término autorregulación, sino más bien atiende a los organismos privados de autorregulación, la autorregulación profesional, las normas y los códigos de autorregulación, los acuerdos de autorregulación y la corregulación.

Como parte del esfuerzo de sistematizar el concepto de autorregulación en un contexto jurídico, en función de los eventuales términos de relacionamiento que pudieran surgir entre la autoridad gubernamental y la autorregulación, se identifican los siguientes esquemas relativos a:

- Autorregulación asignada o *mandated self-regulation*, aplicable a aquellos casos en los que la autoridad gubernamental asigna a una organización determinada funciones de autorregulación.
- Autorregulación sancionada o *sanctioned self-regulation*, aplicable cuando una colectividad o un grupo se autorregula y el contenido de la regulación está sujeto a la aprobación posterior de la autoridad gubernamental.
- Autorregulación forzada o *coerced self-regulation*, aplicable a las empresas que formulan y se imponen a sí mismas determinadas normas, como respuesta a determinados estímulos o amenazas de la autoridad gubernamental.

- Autorregulación voluntaria o *voluntary self-regulation*, aplicable a los supuestos en los que la promoción o mandato de autorregulación no está vinculada a una gestión de la autoridad gubernamental (Black, *Ob. Cit.*, p. 27).

Así entendida, la autorregulación no es una alternativa al Derecho, sino un complemento necesario, que adquiere relevancia en ciertas fases funcionales del procedimiento de producción, implantación y control de las normas (Porter, y Ronit, 2006, pp. 41-72). Estos instrumentos se vinculan con las fórmulas propias del denominado "Derecho blando" o *soft law* propio de los sistemas jurídicos anglosajones. De hecho, la disposición armonizadora de normas ha suscitado la creciente complementariedad o sustitución de las leyes y reglamentos de origen estatal por normas técnicas, códigos de conducta y normas que reflejan buenas prácticas, elaboradas por operadores de un determinado sector económico o profesional. La aceptación de tales aportes técnicos contribuye en buena medida a otorgarle efectos jurídicos vinculantes a los instrumentos normativos de autorregulación.

Sin perjuicio de las ventajas evidentes que reportan los esquemas de autorregulación, desde la perspectiva jurídica, es necesario considerar los eventuales problemas de legitimidad de la autorregulación, así como el potencial riesgo de que se produzca una disolución de responsabilidades entre los poderes públicos y los particulares, que conlleve a producir situaciones de indefensión de los ciudadanos y la falta de separación adecuada entre el regulador y el sujeto regulado en la formulación de normas tendentes a encubrir prácticas anticompetitivas.

En virtud de los planteamientos anteriores, la autorregulación tendrá efectiva cabida en la medida que se configure como un instrumento eficaz y objetivo capaz de generar la confianza de los ciudadanos y el reconocimiento de los poderes públicos.

En medio de las controversias suscitadas por el inadecuado uso por parte de empresas de tecnología digital de la información personal de los usuarios de plataformas de Internet y sus servicios accesorios, la autorregulación ha surgido como una alternativa para establecer un balance de forma consensuada entre la capacidad de generar innovación y nuevos negocios para las empresas del sector tecnológico en medio de amplias condiciones de competencia, por una parte, y, por la otra, la protección de los derechos individuales relativos a privacidad, protección de data y preservación del buen carácter de los usuarios de servicios en plataformas de Internet (Aarons, *Ob. Cit.*, pp. 203-212).

Los casos prácticos siguientes ilustran cómo las empresas pueden aplicar principios de autorregulación en la era digital para abordar desafíos relacionados con la privacidad, la ética, la transparencia y la equidad.

Caso Práctico: Implementación de Políticas de Privacidad y Protección de Datos en una Plataforma de Redes Sociales

Empresa: RedConectiva

Contexto: RedConectiva es una plataforma de redes sociales que ha crecido rápidamente y ahora tiene millones de usuarios en todo el mundo. La empresa enfrenta preocupaciones crecientes sobre la privacidad y la protección de datos de los usuarios.

Desafío: ¿Cómo puede RedConectiva implementar una política efectiva de autorregulación para proteger la privacidad y los datos de sus usuarios?

Puntos Clave a Considerar:

1. **Desarrollo de Políticas de Privacidad:**
    - Crear y comunicar una política de privacidad clara y transparente que explique cómo se recopilan, utilizan y protegen los datos de los usuarios.

Garantizar el cumplimiento de las normativas internacionales de protección de datos, como el GDPR en Europa y el CCPA en California.

2. Consentimiento Informado:

Implementar mecanismos para obtener el consentimiento informado de los usuarios antes de recopilar y utilizar sus datos personales.

Ofrecer opciones claras y fáciles de usar para que los usuarios gestionen sus preferencias de privacidad.

1. Seguridad de los Datos:

- Adoptar medidas robustas de ciberseguridad para proteger los datos de los usuarios contra accesos no autorizados, pérdidas o robos.

- Realizar auditorías regulares de seguridad y pruebas de penetración para identificar y corregir vulnerabilidades.

2. Transparencia y Comunicación:

- Mantener una comunicación abierta y transparente con los usuarios sobre cualquier incidente de seguridad o brechas de datos.

- Proporcionar informes regulares sobre las prácticas de privacidad y protección de datos.

3. Educación y Capacitación:

- Capacitar a los empleados en las mejores prácticas de protección de datos y privacidad.

- Crear recursos educativos para que los usuarios comprendan mejor sus derechos y cómo proteger su información en línea.

Resultados Esperados:

- Aumento en la confianza y lealtad de los usuarios debido a prácticas transparentes y seguras de manejo de datos.

- Reducción del riesgo de sanciones legales y daños a la reputación por incumplimiento de normativas de protección de datos.
- Mejora en la cultura corporativa de seguridad y privacidad.

Caso Práctico: Autorregulación en el Mercadeo Digital y la Publicidad en Línea

Empresa: PerfectAds

Contexto: PerfectAds es una agencia de mercadeo digital que gestiona campañas publicitarias en línea para diversas empresas. Con el aumento de las preocupaciones sobre la privacidad y la ética en la publicidad digital, la agencia busca establecer un marco de autorregulación para sus prácticas de mercadeo.

Desafío: ¿Cómo puede PerfectAds implementar un sistema de autorregulación para asegurar prácticas de mercadeo éticas y responsables?

Puntos Clave a Considerar:

1. **Transparencia en la Publicidad:**
   - Garantizar que todas las campañas publicitarias sean claras y no engañosas.
   - Proporcionar información detallada sobre el origen de los anuncios y la identidad de los anunciantes.

2. **Protección de la Privacidad del Usuario:**
   - Implementar políticas estrictas para el uso de datos personales en la segmentación de anuncios.
   - Ofrecer a los usuarios opciones para optar por no recibir publicidad personalizada y gestionar sus preferencias de datos.

3. **Publicidad Responsable:**
   - Evitar la publicidad que promueva comportamientos perjudiciales, engañosos o poco éticos.

- Asegurar que los anuncios dirigidos a audiencias vulnerables, como niños y adolescentes, sean apropiados y seguros.

4. **Medición y Reporte de Impacto:**
   - Utilizar métricas transparentes y verificables para medir el impacto de las campañas publicitarias.
   - Proporcionar informes regulares a los clientes sobre el rendimiento y la ética de las campañas.

5. **Capacitación y Conciencia:**
   - Capacitar a los empleados en prácticas de mercadeo ético y protección de datos.
   - Desarrollar programas de concienciación para educar a los clientes sobre la importancia de la publicidad responsable.

Resultados Esperados:

- Mejora en la reputación de la agencia como líder en mercadeo ético y responsable.
- Aumento en la satisfacción y lealtad de los clientes gracias a prácticas transparentes y efectivas.
- Reducción del riesgo de infracciones y sanciones legales relacionadas con la privacidad y la ética en la publicidad.

Caso Práctico: Autorregulación en el Comercio Electrónico para Garantizar la Transparencia y la Equidad

Empresa: MercadoTech

Contexto: MercadoTech es una plataforma de comercio electrónico que conecta a vendedores independientes con compradores. Con el crecimiento de la plataforma, han surgido preocupaciones sobre la transparencia en las calificaciones de productos, la competencia justa entre vendedores y la protección de los consumidores.

Desafío: ¿Cómo puede MercadoTech implementar un sistema de autorregulación para asegurar la transparencia y la equidad en su plataforma?

Puntos Clave a Considerar:

1. **Transparencia en las Calificaciones y Opiniones:**
   - Implementar sistemas para verificar la autenticidad de las calificaciones y opiniones de los productos.
   - Proporcionar información clara sobre cómo se calculan las calificaciones y cómo se manejan las opiniones negativas.

2. **Competencia Justa entre Vendedores:**
   - Establecer políticas para evitar prácticas desleales entre vendedores, como la fijación de precios predatoria y la manipulación de calificaciones.
   - Ofrecer formación y recursos para ayudar a los vendedores a mejorar sus prácticas comerciales y competir de manera justa.

3. **Protección del Consumidor:**
   - Implementar garantías y políticas de devolución claras para proteger a los consumidores contra productos defectuosos o fraudulentos.
   - Proporcionar un servicio de atención al cliente eficiente para resolver disputas y quejas de manera justa y rápida.

4. **Transparencia en la Publicidad de Productos:**
   - Asegurar que las descripciones de los productos sean precisas y no engañosas.
   - Prohibir la publicidad falsa o exagerada de productos en la plataforma.

5. **Auditoría y Cumplimiento:**
   - Realizar auditorías regulares para asegurar el cumplimiento de las políticas de autorregulación.

o Establecer un comité independiente para supervisar y reforzar las prácticas de autorregulación.

Resultados Esperados:

- Aumento en la confianza y satisfacción de los consumidores, lo que lleva a un mayor volumen de ventas.
- Mejora en la reputación de la plataforma como un mercado justo y transparente.
- Reducción de disputas y quejas gracias a políticas claras y justas.

Caso Práctico: Autorregulación en el Uso de Inteligencia Artificial y Algoritmos

Empresa: AI Assist

Contexto: AI Assist es una empresa que desarrolla algoritmos de inteligencia artificial para diversas aplicaciones, desde motores de recomendación hasta sistemas de reconocimiento facial. La empresa se enfrenta a crecientes preocupaciones sobre el sesgo algorítmico, la privacidad y el uso ético de la Inteligencia Artificial.

Desafío: ¿Cómo puede AI Assist implementar un marco de autorregulación para asegurar el uso ético y responsable de la inteligencia artificial?

Puntos Clave a Considerar:

1. **Transparencia Algorítmica:**
   o Publicar informes sobre cómo funcionan los algoritmos y qué datos se utilizan para entrenarlos.
   o Proporcionar explicaciones claras y comprensibles sobre las decisiones tomadas por los algoritmos.

2. **Mitigación de Sesgos:**
   o Implementar procesos para identificar y mitigar sesgos en los datos y los algoritmos.
   o Realizar auditorías regulares para evaluar y corregir cualquier sesgo algorítmico.

3. **Privacidad y Seguridad de los Datos:**
   - Asegurar que todos los datos utilizados en el desarrollo de Inteligencia Artificial cumplan con las normativas de privacidad y seguridad.
   - Implementar técnicas de anonimización y cifrado para proteger la privacidad de los datos.

4. **Uso Ético de la Inteligencia Artificial:**
   - Establecer principios éticos para guiar el desarrollo y el uso de Inteligencia Artificial, como la equidad, la transparencia y la responsabilidad.
   - Crear un comité de ética para revisar y aprobar proyectos de Inteligencia Artificial.

5. **Capacitación y Sensibilización:**
   - Capacitar a los empleados en las mejores prácticas de desarrollo y uso de Inteligencia Artificial ética y responsable.
   - Fomentar una cultura de responsabilidad y ética en toda la organización.

Resultados Esperados:

- Mayor confianza de los clientes y usuarios en los productos y servicios de Inteligencia Artificial ofrecidos por la empresa.
- Reducción del riesgo de sesgos y discriminación algorítmica.
- Cumplimiento de normativas y estándares éticos, mejorando la reputación de la empresa en el mercado.

5. La Organización del Estado y las Alternativas de Regulación

El Estado representa a lo largo de la historia un concepto jurídico, político y social fundamentado en la autoridad. Cuando se hace referencia a la regulación, su organización tiende a variar según la concepción de regulación que se emplee. De allí que el Estado es identificado inicialmente como el ente responsable de ajustar las fallas verificadas en el mercado, con todas las consecuencias que dicha gestión pueda conllevar. La gestión regulatoria del Estado entonces es una segunda mejor opción que surge por deficiencias de la asignación del mercado, así como por deficiencias en el nivel de información disponible, impidiendo esta situación adoptar decisiones informadas. Tal aproximación ha sido extendida con el propósito de justificar la regulación con base en la necesidad de proteger los derechos humanos, la solidaridad social, la eficiencia y elección del consumidor, así como la participación y deliberación, favoreciendo la transparencia, la consulta y la rendición de cuentas (Prosser, 2010, pp. 15-17). No obstante, esta concepción tan amplia no es fácilmente asimilable en el contexto jurídico anglosajón, por lo que se concibe la gestión reguladora como la responsabilidad de ciertos entes autónomos, independientes de la administración central de gobierno, caracterizados por su capacidad técnica regulatoria dirigida a atender sectores específicos de la actividad empresarial. Si bien es cierto, que esta aproximación regulatoria ha permitido justificar la intervención específica del Estado en el funcionamiento del mercado en países como los Estados Unidos de América, lo cierto es que los entes regulatorios autónomos y con especialización técnica han estado paulatinamente interesados en abarcar aspectos más amplios que los originalmente asignados entre sus objetivos de regulación[13].

Con el surgimiento del Estado Social de Derecho, la regulación y su alcance ha tendido a estar amparada en las constituciones nacionales, mediante la protección de diversos

---

[13] Los reguladores, sin duda, lamentarán el entierro por la Corte Suprema en junio de 2024 de su <u>doctrina Chevron</u>. Pero los tribunales no lo harán, como demostró un juez federal en una decisión el miércoles que bloquea la prohibición general de la Comisión Federal de Comercio (FTC, por sus siglas en inglés) sobre los acuerdos de no competencia. Esta primavera, la FTC emitió una norma de 570 páginas que prohíbe la mayoría de los acuerdos de empleo que restringen a los trabajadores unirse a competidores o iniciar sus propias empresas durante un período específico después de irse. La agencia dice que tales contratos constituyen un "método desleal de competencia", que está prohibido por la Ley de la Comisión Federal de Comercio. No tan rápido. Como explica la jueza Ada Brown, una "lectura simple" de la ley "no otorga expresamente a la Comisión la autoridad para promulgar normas sustantivas relativas a los métodos desleales de competencia". En cambio, la ley permite a la FTC celebrar audiencias administrativas y emitir órdenes de cese y desistimiento contra empresas acusadas de métodos desleales de competencia. La FTC señaló una disposición ostensiblemente vaga que la autoriza a "dictar normas y reglamentos con el propósito" de llevar a cabo la prohibición de los métodos desleales de competencia. La presidenta Lina Khan argumentó que esta disposición facultaba a la FTC para regular las prácticas comerciales si el Congreso no dice expresamente que no puede. El juez Brown no estuvo de acuerdo. Señala que la disposición citada se asemeja a "un 'estatuto de limpieza', que autoriza lo que la [Ley de Procedimiento Administrativo] denomina 'reglas de organización, procedimiento o práctica de la agencia' en contraposición a 'reglas sustantivas'". Con base en el texto, la estructura y la historia de la ley, concluye que "la FTC carece de la autoridad para crear reglas sustantivas a través de este método". La *doctrina Chevron* requería que los jueces se sometieran casi mecánicamente a la interpretación de los reguladores de las leyes ambiguas, siempre que fueran aparentemente razonables. Citando el fallo de la Corte Suprema en el *caso Loper Bright Enterprises* de junio de 2024, el juez Brown escribe que "la deferencia que *Chevron* exige a los tribunales que revisan la acción de la agencia no puede cuadrarse con la Ley de Procedimientos Administrativos". Ni la Constitución. <u>Lina Khan Loses in Court Again – This Time on Non-Competes - WSJ</u>

derechos fundamentales, así como los intereses colectivos en la sociedad. Este proceso ha estado acompañado cada vez con mayor énfasis por la "juridificación" de la regulación, entendida como la intervención de los órganos jurisdiccionales en el aseguramiento y protección de los derechos ciudadanos, especialmente por los tribunales constitucionales que han ampliado su rango de acción de manera importante, al punto de crear situaciones de superposición entre la regulación de los entes autónomos regulatorios y la jurisprudencia vinculante de los órganos jurisdiccionales. Es por lo que se precisa entender los diferentes estratos que comprenden la noción de regulación. En tal sentido, es importante distinguir entre un primer nivel de regulación que la equipara con la noción de Estado, al prescribirse que la regulación comprendería cualquier forma de acción estatal en el ámbito de las actividades económicas. Un segundo nivel que identifica al Derecho como el medio de acción del Estado, dejando por fuera de la regulación los aspectos políticos y las empresas públicas. Un tercer nivel, que atiende el potencial efecto restrictivo del medio jurídico sobre las libertades económicas, lo cual excluiría de la regulación la restricción jurídica de cualesquiera otras libertades, así como la promoción de estas. Un cuarto nivel que identifica a la administración como el ente estatal que ejecuta la restricción de las libertades económicas, surgiendo la intervención administrativa en contraposición de la intervención legislativa o judicial. Un quinto nivel en el cual se contrapone la defensa de la competencia —que se caracteriza por ser una acción *ex post* del Estado— con la intervención administrativa *ex ante* de los mercados imperfectos (Betancor, 2010, pp. 42, 43).

6. La Responsabilidad del Estado

En sus inicios, el Estado fijaba reglas generales de actuación y sancionaba los incumplimientos, procurándose la redistribución de la riqueza mediante la ejecución de negocios jurídicos entre particulares, quedándole al Estado la aplicación de una política tributaria dirigida a exigir la contribución social de los ciudadanos para luego impulsar una gestión social con base en su capacidad contributiva.

Con el surgimiento del Estado de Bienestar en los años veinte del siglo pasado, se entendió que la gestión del Estado debía estar dirigida hacia sectores económicos percibidos como clave para el desarrollo económico, por lo cual esta gestión no podía descansar en la capacidad de recolección tributaria ni, en el comportamiento del mercado. Esta política estatal concreta bajo la modalidad de intervención directa e inmediata, que tiende a incidir en la conducta de los agentes económico para cambiar su curso de acción para alterar sus efectos, es lo que se identifica usualmente como regulación (Aguilar Valdéz, 2004). Tal gestión estatal, por representar un mecanismo de redistribución de recursos escasos, podría encontrarse en las antípodas con los derechos de propiedad, en el entendido que éstos determinarán quien debe a quien para modificar las acciones llevadas a cabo por el Estado en nombre de la "Regulación". Por ello se asevera que no hay medida regulatoria que no sea dañosa para alguien (Laguna de Paz, 2018, p. 103). Aunado a esta circunstancia, debe recordarse que la fijación de las condiciones económicas de funcionamiento de las empresas, sujetos regulados y la de sus activos se produce usualmente con información incompleta acerca del exacto efecto o impacto que la medida regulatoria podría tener en el largo plazo. Con el propósito de atender semejante debilidad configuré un modelo para verificar el impacto de las normas y determinar el nivel de eficiencia de la regulación (Véase *infra* Capítulo V y Apéndice 1).

La adopción de regulación con información incompleta contribuye a la necesidad de revisarla en el tiempo, lo cual podría generar cambios que a su vez afectan situaciones jurídicas de los sujetos pasivos que han ejecutado negocios jurídicos a la luz de condiciones preexistentes o regulaciones anteriores. Se trata pues del riesgo que conlleva toda regulación, que se traduce en la incertidumbre en tanto previsible y mensurable y de la que puede generarse un daño (Aguilar Valdéz, 2019, p. 44).

En relación con el riesgo regulatorio, se entiende por tal cualquier eventualidad derivada del cambio en la regulación que pueda perjudicar en un momento dado los intereses y las estrategias de los operadores económicos del sector (Rodríguez Bajón, 2012, p. 196).

Es responsabilidad del Estado atenuar el riesgo regulatorio mediante la adopción de múltiples medidas que incluyen, entre otras, el establecimiento de marcos regulatorios y autoridades que se caractericen por su imparcialidad e independencia, o la celebración de acuerdos mediante los cuales se atribuyan los riesgos conforme a las posibilidades de prevención y mitigación que dispongan las partes y en función de sus respectivas capacidades.

En los Estados Unidos de América, por ejemplo, se ha tendido a asignar el riesgo regulatorio según el grado de afectación verificado. En otras palabras, si el daño causado por la regulación es poco considerable en relación con el derecho de propiedad, entonces el mismo forma parte del poder normal de la regulación; mientras que, si la medida regulatoria afecta una porción sustancial del derecho de propiedad, entonces se considerará que habría habido una suerte de expropiación regulatoria.

En naciones vinculadas con el Derecho continental europeo, el análisis pasa por la revisión de la responsabilidad del Estado según su proceder sea lícito o no, quedando el grado de afectación que provoca la medida regulatoria, en función del principio de igualdad ante las cargas públicas. En tal sentido, considero que la ausencia del deber de soportar el daño en cabeza del regulado surge como un criterio objetivo para asignar responsabilidad al Estado por el daño causado por la aplicación regulatoria. A propósito, Cassagne sostiene que la ausencia del deber jurídico de soportar el daño constituye el factor de atribución de la responsabilidad estatal, de modo tal que, al no existir tal deber, nace en cabeza del regulado el derecho a reclamar la indemnización correspondiente. Por el contrario, existirá el deber jurídico de soportar el daño cuando, excepto circunstancias excepcionales, gravosas y desproporcionadas, este es generalizado y la ley no establece indemnizaciones especiales a título de garantía (Cassagne, 2009, p. 1276).

Independientemente de la posición que se adopte en relación con el riesgo regulatorio, mantengo como posición que para que haya regulación eficiente el Estado debe ser responsable por sus actos en la medida que éstos carezcan de objetividad, sean afectados por desproporcionalidad y alteren la ecuación económica de las situaciones objeto de regulación, al impedir la correspondiente mitigación de los riesgos en función de las respectivas capacidades de mitigación del riesgo por los agentes económicos.

Capítulo IV

TENDENCIAS REGULATORIAS PARA LAS EMPRESAS EN LA ERA DIGITAL
ÉNFASIS EN LOS EMPRENDIMIENTOS FINTECH

IV. TENDENCIAS REGULATORIAS PARA LAS EMPRESAS EN LA ERA DIGITAL: ÉNFASIS EN LOS EMPRENDIMIENTOS FINTECH

1. Evolución Histórica de la Regulación Digital

La historia de la regulación digital se remonta a la década de 1990, cuando el Internet se presentó por primera vez al público[14].

La regulación digital ha evolucionado considerablemente desde los primeros días del Internet hasta la actualidad, adaptándose a los cambios tecnológicos y a los nuevos desafíos que plantea la economía digital.

En sus inicios, el Internet se consideraba una herramienta de investigación académica y gubernamental, con limitada intervención regulatoria. El propósito principal era fomentar la innovación y el desarrollo. Con la creación de la *World Wide Web* en 1989 comenzó a surgir un marco regulatorio incipiente especialmente en áreas vinculadas con los derechos de autor y la ciberseguridad.

---

[14] La primera regulación digital fue la Ley de Privacidad de las Comunicaciones Electrónicas (ECPA) de 1986, que se promulgó para proteger la privacidad de las comunicaciones electrónicas. Digital Regulation: driving growth and unlocking innovation - GOV.UK (www.gov.uk) Desde entonces, la regulación digital ha evolucionado para incluir una amplia gama de temas, como la protección de datos, la ciberseguridad y la regulación de contenidos en línea. Digital Services Act - Wikipedia

A partir de mediados de los años noventa del siglo pasado, se promulgó tanto en los Estados Unidos de América como en Europa diversas leyes con el propósito de regular aspectos varios que incluían provisiones para regular el contenido en línea y proteger a los menores de contenido inapropiado[15]; establecer un régimen para la gestión de dominio y direcciones IP[16]; las normas para el comercio electrónico, incluyendo aspectos como la responsabilidad de los intermediarios y la protección de los consumidores[17]; normativas dirigidas a proteger los datos personales[18]; leyes y regulaciones para controlar y censurar el contenido en línea[19].

A partir del año 2010, la regulación de la actividad digital estuvo enfocada principalmente en la protección de datos y la privacidad. Como consecuencia, se publicó (i) el Reglamento General de Protección de Datos (GDPR, 2018) dictado con el propósito de establecer normas sobre la recopilación, almacenamiento y uso de datos personales, sirviendo como modelo global para la protección de datos en la Unión Europea; (ii) la Ley de Privacidad del Consumidor de California (CCPA, 2020), la cual fue promulgada con el propósito de establecer derechos de protección de privacidad para los consumidores del estado de California (EE.UU.), reflejando una tendencia hacia regulaciones más estrictas en los Estados Unidos de América. El creciente proceso de

---

[15] Ley de Decencia en las Comunicaciones (1996) en los Estados Unidos de América.

[16] Creación de la Corporación de Internet para la Asignación de Nombres y Números (ICANN) en 1998.

[17] Directiva de Comercio Electrónico (2000) en la Unión Europea.

[18] La Directiva de Protección de Datos de la Unión Europea (1995) y la Ley de Protección de la Privacidad Infantil en Línea (COPPA) en Estados Unidos (1998).

[19] La Ley Patriota en Estados Unidos post-11S y las políticas de censura en países como China.

regulación estuvo acompañado de procesos de regulación antimonopólica contra grandes plataformas tecnológicas como Alphabet[20], Microsoft, Meta[21], Apple y Amazon, entre otras, en diversas jurisdicciones.

En la actualidad existe una tendencia generalizada a regular las tecnologías digitales, con especial énfasis en lo que concierne a la Inteligencia Artificial, las criptomonedas y las redes *Blockchain*[22], la ciberseguridad[23], así como la regulación dirigida a controlar contenidos y desinformación.

Si bien la regulación ha tenido un auge en el ámbito de las actividades digitales, ésta requiere marcos regulatorios que sean flexibles y capaces de adaptarse con rapidez, especialmente si se considera la rapidez con la que la tecnología digital avanza. Esta circunstancia, acompañada del carácter transfronterizo de las operaciones negociales y el comercio electrónico exige una mayor cooperación y coordinación entre países y organizaciones internacionales. Tal cooperación debe encontrar un equilibrio razonable entre fomentar la innovación tecnológica y proteger a los consumidores y la sociedad. No menos importante, tanto la regulación de tecnologías como la Inteligencia Artificial deberá abordar cuestiones éticas y de responsabilidad, garantizando que su desarrollo y uso sean seguros y equitativos.

La regulación digital ha recorrido un largo camino desde los primeros días del Internet, y seguirá evolucionando a medida que las tecnologías y las necesidades sociales cambien. La creación de marcos regulatorios eficaces y equilibrados será crucial para maximizar los beneficios de la economía digital y minimizar sus riesgos.

---

[20] Cuya subsidiaria es Google.
[21] Cuya subsidiaria es Facebook.
[22] La Ley de Mercados de Criptoactivos (MiCA) en la Unión Europea.
[23] La Directiva NIS2 en la UE (2022).

2. Innovación Tecnológica v. Regulación

Cuando se reflexiona acerca de la "era cibernética o digital", como se ha dado en llamar a esta fase de la civilización contemporánea, hay un objetivo claramente sugerido por ese nombre: automatizar al máximo los procesos de dirección de la conducta y de la actividad humana. El hombre se propone realizar un futuro que ya comenzó hace dos décadas; la revolución más grande desde que hace quinientos años Gutenberg inventó la imprenta, siendo muy probablemente equivalente a la revolución de la información. La nueva ciencia, llamada informática, que se ocupa de la concepción, realización y utilización de los sistemas que procesan información, y los avances de la tecnología electrónica, han venido a cambiar, sin duda, nuestra manera de trabajar, de comunicarnos, de estudiar, de entretenerse y hasta de pensar. En suma, han venido a cambiar nuestra forma de vivir.

El análisis de esa revolución cibernética y de sus repercusiones sobre las ciencias sociales puede conducir a adoptar una de estas actitudes:

- Hacer una apología del progreso y de sus conquistas y bondades en el plano material de la existencia, arriesgando que la conciencia interna y autónoma del individuo sea sofocada o sustituida por una ética externa y heterónoma, expresión alienadora de la era tecnológica.

- Rechazarlo de plano y en forma global en nombre de la tradición, como medio para preservar la conciencia ética de la humanidad y hasta su propia supervivencia, amenazadas por los empleos abusivos de la tecnología electrónica.

- Finalmente, valorar desde premisas éticas la significación de este signo de nuestro tiempo que es la Cibernética, y justipreciar su necesario reflejo e incidencia en las esferas social y jurídica (Fernández Gómez, 1982, pp. 181, 182).

Dada la acelerada competitividad que caracteriza a los emprendimientos en la economía digital, la regulación en la era digital implica una acción estatal que atenta contra dichos niveles de competitividad. En consecuencia, se debe preservar ante todo el equilibrio entre la innovación y el interés general con una aproximación que tome en consideración el dinamismo y la flexibilidad que requiere la actividad empresarial objeto de medidas regulatorias.

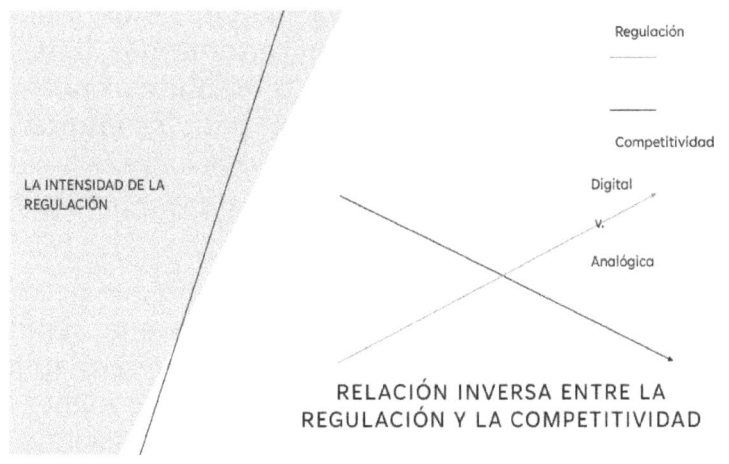

RELACIÓN INVERSA ENTRE LA REGULACIÓN Y LA COMPETITIVIDAD

3. Fundamentos Regulatorios en la Economía Digital

La transformación digital ha redefinido las estructuras tradicionales de la economía, creando nuevas oportunidades y desafíos para las empresas. La pregunta obligada es ¿cómo la digitalización está influyendo en todos los aspectos de la actividad económica, desde la automatización de procesos hasta la interacción con los clientes y la gestión de la cadena de suministro? Al respecto, es relevante considerar la importancia de la adaptabilidad tecnológica y cómo la integración de tecnologías emergentes como la Inteligencia Artificial, el *big data* y el Internet de las Cosas (IoT) está modificando el panorama competitivo. Todo ello con el propósito de evaluar el impacto de la digitalización en la creación de valor y en la sostenibilidad de las ventajas competitivas.

En la era digital, las regulaciones juegan un papel crítico en la forma en que las empresas operan y compiten. Este capítulo se centra en las tendencias regulatorias actuales y emergentes que afectan a las empresas, especialmente aquellas implicadas en tecnologías digitales y mercados en línea. Será propicio analizar cómo diferentes jurisdicciones están abordando cuestiones como la privacidad de datos, la seguridad cibernética, y la competencia leal en entornos digitales. Razón por la cual haré referencia a los desafíos y oportunidades que estas regulaciones presentan para los emprendimientos emergentes y las grandes corporaciones, así como las estrategias para navegar el complejo entorno regulatorio global de manera efectiva.

Es necesario establecer ciertas pautas para que desde la perspectiva jurídica y gerencial se pueda analizar las tendencias regulatorias en la era digital. Para ello, sugiero aplicar una aproximación sistemática que incluya por lo menos los aspectos siguientes: (i) la identificación de la legislación, regulaciones y normativas aplicables que impactan directamente a las empresas en el ámbito digital, incluyendo aquellas relacionadas con protección de datos, seguridad cibernética, comercio electrónico, derechos de autor y propiedad intelectual; (ii) analizar las interpretaciones y aplicaciones recientes de estas leyes en los órganos jurisdiccionales y por entidades reguladoras, para comprender mejor cómo se están implementando y los precedentes que podrían afectar futuras decisiones legales y empresariales; (iii) determinar cómo las regulaciones afectan las operaciones diarias de las empresas digitales. Esto incluye desde la gestión de datos hasta la interacción con clientes y proveedores, considerando aspectos como la transferencia transfronteriza de datos y las restricciones en el uso de ciertas tecnologías; (iv) evaluar el costo económico del cumplimiento de estas regulaciones, incluyendo inversiones en sistemas de seguridad, capacitación de personal, y modificaciones en las políticas empresariales; (v) mantener un seguimiento constante de nuevas propuestas legislativas que podrían afectar el sector digital. Esto incluye participar en audiencias públicas, análisis de impacto legislativo y, si es posible, influir en el proceso legislativo a través de grupos de presión o asesoría directa; (vi) si se considera el carácter global de la economía digital, es crucial entender las tendencias regulatorias en diferentes mercados y jurisdicciones, especialmente en regiones clave como la Unión Europea, los Estados Unidos de América, y Asia; (vii) desarrollar políticas y procedimientos internos en las empresas que aseguren el cumplimiento normativo y reduzcan los riesgos jurídicos, adaptando las operaciones empresariales a las exigencias regulatorias sin comprometer la agilidad comercial; (viii) implementar programas de formación para empleados sobre las implicaciones de las regulaciones digitales, asegurando que toda la organización empresarial comprenda las obligaciones y riesgos asociados; (ix) dado que las regulaciones digitales pueden ser altamente técnicas y específicas, colaborar con abogados y expertos en tecnología y regulación digital para garantizar una interpretación y aplicación adecuada de las leyes; y (x) establecer un ciclo de revisión regular para asegurar que las políticas y prácticas empresariales permanezcan actualizadas con los cambios legislativos y tecnológicos.

4. Importancia de la Regulación en la Era Digital

La regulación en la era digital es de suma importancia debido a la rápida evolución de las tecnologías y el impacto significativo que tienen en la economía, la sociedad y los individuos. La época actual es principalmente reconocida por el enorme impacto de la digitalización en el desarrollo de las actividades no solo empresariales, sino también cotidianas de los individuos en sociedad. La digitalización de las actividades empresariales está marcada por un alto grado de innovación, lo cual promueve oportunidades de expansión empresarial y crecimiento económico, así como el interés del Estado en regular de alguna forma dichas actividades en favor del interés general.

En términos generales, la regulación en la era digital podría concebirse como esencial para proteger los derechos de los consumidores en un entorno donde sus datos personales y su privacidad están constantemente en riesgo. Así mismo, la confianza de los consumidores y las empresas es determinante para el funcionamiento adecuado y el crecimiento de la economía digital. Las regulaciones que garantizan la seguridad y privacidad de los datos, así como la transparencia en las operaciones digitales, ayudan a construir y mantener esta confianza. Esto incluye la creación de marcos legales que protejan a los usuarios de fraudes, ciberataques y otros riesgos digitales. La protección de infraestructuras críticas, como redes eléctricas, sistemas financieros y de salud, es también vital para la seguridad nacional y la estabilidad económica.

Las regulaciones pueden promover el acceso equitativo a tecnologías digitales y servicios de Internet, reduciendo la brecha digital entre diferentes regiones y grupos socioeconómicos. La regulación también podría ser vital para evitar prácticas anticompetitivas y monopolísticas en el mercado digital. Un marco regulador razonable que promueva la competencia justa y disuada cualquier intento en abusar del poder de mercado por parte de grandes empresas tecnológicas, contribuye a promover que el mercado alcance dinamismo y sea accesible para emprendedores emergentes y pequeñas empresas. Igualmente, la regulación sería necesaria para prevenir que grandes empresas tecnológicas establezcan monopolios u oligopolios que puedan sofocar la competencia y la innovación.

La regulación puede fomentar prácticas sostenibles en la economía digital, como la eficiencia energética en centros de datos y la gestión responsable de residuos electrónicos. Así mismo, la regulación podría promover la economía circular a través de regulaciones que incentiven el reciclaje y la reutilización de dispositivos tecnológicos.

La regulación bien diseñada puede fomentar la innovación al proporcionar un marco claro y predecible en el que las empresas puedan operar, al mismo tiempo que se mitigan los riesgos asociados con nuevas tecnologías. Desde una perspectiva más amplia, es importante considerar las políticas que incentiven la investigación y el desarrollo, así como la adopción de tecnologías emergentes, ya que pueden impulsar la innovación de manera responsable.

La cooperación internacional en la creación de normativas comunes puede facilitar el comercio digital global y la protección de los derechos de los usuarios a nivel mundial, lo cual promovería el establecimiento de mecanismos para la resolución de disputas en el contexto digital, especialmente en operaciones negociales transfronterizas.

En la era de la Inteligencia Artificial y otras tecnologías emergentes, la regulación es esencial para asegurar que estas herramientas se utilicen de manera ética y responsable. Esto incluye la prevención de sesgos en los algoritmos de Inteligencia Artificial, la protección contra el uso indebido de tecnologías y la garantía de que las innovaciones tecnológicas beneficien a toda la sociedad. No obstante, el rápido avance de la tecnología requiere regulaciones que puedan adaptarse rápidamente a nuevas realidades y desafíos. Por lo tanto, los marcos regulatorios deben ser flexibles y dinámicos para mantenerse al día con la evolución tecnológica, todo ello con el fin de asegurar su pertinencia y evitar su desactualización y desaplicación.

5. Teorías Regulatorias Aplicadas a la Economía Digital

Las teorías regulatorias aplicadas a la economía digital abordan cómo los gobiernos y las organizaciones pueden establecer marcos normativos y políticas para gestionar y guiar las actividades económicas que se desarrollan en el entorno digital. Desde una perspectiva conceptual, existen diversas teorías y enfoques regulatorios que podrían considerarse al hacer referencia a la economía digital y su regulación. Para ello, presento las diferentes perspectivas y motivaciones que el Estado pudiera tener como punto de origen para establecer disposiciones regulatorias en general, y en paralelo plantearé la aproximación empleada de acuerdo con tales perspectivas y motivaciones para regular la economía digital.

Primero, se hace referencia a la Teoría de la Captura Reguladora, según la cual las agencias regulatorias pueden ser "capturadas" por las industrias que están destinadas a regular, resultando en regulaciones que benefician a las empresas más que al público. Al respecto, se observa en la economía digital que esta circunstancia puede ocurrir cuando grandes empresas tecnológicas ejercen una influencia significativa sobre las políticas y regulaciones, logrando marcos regulatorios que favorecen sus intereses.

Segundo, según la Teoría de la Regulación Económica, se anticipa que la regulación se utiliza para corregir fallos de mercado, como monopolios, externalidades negativas y asimetrías de información. En el ámbito de la economía digital su regulación puede enfocarse en prevenir prácticas monopolísticas de grandes plataformas digitales, proteger la privacidad de los datos de los consumidores y garantizar la competencia leal.

Tercero, de acuerdo con la Teoría de la Elección Pública, la regulación determina cómo las decisiones políticas y regulatorias son influenciadas por los intereses y comportamientos de los actores públicos y privados. La digitalización de la economía incita la imprescindible alianza entre los sectores público y privado, por lo que esta concepción puede ayudar a entender las dinámicas entre gobiernos, empresas tecnológicas y grupos de interés, y cómo estas interacciones influyen en la formulación de políticas digitales.

Cuarto, la Teoría del Diseño de Mecanismos plantea diseñar reglas e incentivos que conduzcan a resultados deseados, incluso cuando los agentes tienen información y objetivos diferentes. En consecuencia, en la economía digital puede aplicarse en la creación de marcos regulatorios que incentiven la innovación, la protección de la privacidad y la seguridad cibernética, garantizando que las empresas digitales operen de manera ética y eficiente.

Quinto, la cada vez más empleada Teoría de la Autorregulación parte, como ya se indicó, de la premisa que las industrias pueden regularse a sí mismas mediante la adopción de códigos de conducta y estándares voluntarios, por lo que en la economía digital las empresas tecnológicas y plataformas digitales pueden establecer estándares de privacidad, seguridad y ética en el uso de datos, complementando o en algunos casos sustituyendo la regulación gubernamental.

Sexto, la Teoría del Derecho y la Economía analiza la relación entre las leyes y la economía, y cómo las regulaciones pueden influir en el comportamiento económico. Ante tal contexto, en la economía digital se utiliza para analizar cómo las leyes de protección de datos, derechos de autor y ciberseguridad, entre otras, impactan en la innovación, el comercio electrónico y la competencia en la economía digital.

Séptimo, la Regulación basada en el Riesgo plantea identificar, evaluar y gestionar los riesgos específicos asociados con diferentes actividades y tecnologías, de manera que en la economía digital la regulación puede enfocarse en los riesgos particulares de la economía digital, como la seguridad de los datos, las ciber amenazas y la protección de los consumidores en línea, adaptando las medidas regulatorias a la magnitud del riesgo.

Octavo, según la Teoría del Bienestar se estudia cómo las políticas públicas pueden maximizar el bienestar social y económico, por lo que en la economía digital las regulaciones se diseñan para equilibrar los beneficios de la innovación tecnológica con la protección de los derechos de los consumidores y la promoción de un acceso equitativo a las tecnologías digitales.

Noveno, Según la posición que promueve el Enfoque de Gobernanza Multinivel, se considera la interacción de diferentes niveles de gobierno (local, nacional, internacional) en la regulación de actividades económicas. Dado que el Internet y las actividades en la economía digital trascienden las fronteras nacionales, este enfoque es crucial para coordinar políticas y regulaciones a nivel global, abordando problemas como la jurisdicción y la cooperación internacional (Agrawal, *et al* (Eds.), 2019).

Las tecnologías digitales evolucionan rápidamente, a menudo más rápido que la capacidad de los reguladores para adaptarse. Las actividades digitales suelen ser transnacionales, lo que complica la aplicación de regulaciones locales o nacionales. Es crucial encontrar un equilibrio que fomente la innovación sin comprometer la seguridad, privacidad y equidad. La recopilación y el uso de grandes volúmenes de datos personales plantean importantes desafíos de privacidad. La concentración del mercado en manos de unas pocas grandes empresas tecnológicas plantea preocupaciones sobre la competencia justa, circunstancia que plantea uno de los principales retos en la era digital.

La regulación de la economía digital requiere un enfoque multifacético y adaptable que considere los rápidos cambios tecnológicos y las dinámicas globales. Las teorías regulatorias ofrecen marcos útiles para entender y abordar los desafíos asociados con la economía digital, buscando siempre maximizar los beneficios sociales y económicos.

6. Panorama Global de la Regulación en la Economía Digital

La economía digital está transformando rápidamente el mundo, y los gobiernos de todo el mundo están respondiendo con una variedad de enfoques regulatorios para gestionar su impacto. Esta circunstancia conlleva la conveniencia de presentar un panorama global de las principales tendencias y políticas, así como una comparación de los enfoques regulatorios por regiones.

a. Principales Tendencias y Políticas Globales

1.1 Protección de Datos y Privacidad

La protección de datos y la privacidad se han convertido en prioridades regulatorias clave a medida que aumentan las preocupaciones sobre el manejo de la información personal. A manera de referencia, el Reglamento General de Protección de Datos en la Unión Europea establece estándares rigurosos para la recopilación y el procesamiento de datos personales, incluyendo el derecho a la portabilidad de los datos, el derecho al olvido y requisitos estrictos para el consentimiento. Así mismo, la Ley de Privacidad del Consumidor de California en los Estados Unidos de América ofrece a los residentes del Estado de California derechos sobre su información personal, permitiéndoles saber qué datos se recopilan sobre ellos, con quién se comparten y la posibilidad de solicitar la eliminación de esos datos.

1.2. Regulación de las Grandes Tecnologías (*Big Tech*)

Las grandes empresas tecnológicas están bajo un mayor escrutinio por su influencia en los mercados y la sociedad. Múltiples propuestas legislativas similares al *Digital Markets Act* y *Digital Services Act* en la Unión Europea buscan regular las plataformas digitales y garantizar una competencia justa, imponiendo obligaciones a las grandes plataformas para prevenir abusos de mercado y mejorar la transparencia. Así mismo, se han adelantado múltiples procesos de investigaciones antimonopolio en los Estados Unidos de América contra empresas tecnológicas con posiciones de aparente dominio económico, enfocadas en prácticas que podrían suprimir la competencia y perjudicar a los consumidores[24].

---

[24] La Unión Europea ha acusado a Apple de no cumplir con una nueva ley de competencia digital, alegando que la App Store del fabricante del iPhone no permite a los desarrolladores dirigir libremente a los clientes a formas alternativas de realizar compras. Los cargos presentados son los primeros que se emiten en virtud de la Ley de Mercados Digitales de la Unión Europea (DMA), que entró en vigor a principios de este año y establece una larga lista de normas destinadas a impulsar la competencia en la publicidad digital, la búsqueda en línea y los ecosistemas de aplicaciones. Apple podría ser multada con hasta el 10% de sus ingresos mundiales si los reguladores de la Unión Europea finalmente determinan que la compañía violó las reglas de la DMA. Las autoridades europeas de

1.3. Ciberseguridad

La ciberseguridad es crucial para proteger la infraestructura digital y la información sensible. Al respecto, la Directiva NIS2 en la Unión Europea establece requisitos más estrictos para la ciberseguridad de las infraestructuras críticas, incluyendo la obligación de notificar incidentes de seguridad e implementar medidas de seguridad adecuadas; mientras que en China la *Cybersecurity Law* regula la seguridad de la red y la protección de datos, imponiendo controles estrictos sobre el flujo de información y requisitos de seguridad para las empresas que operan en el país.

1.4. Inteligencia Artificial y Ética

La regulación de la Inteligencia Artificial se centra en garantizar su desarrollo, así como su uso ético y responsable. La propuesta de Ley de Inteligencia Artificial de la Unión Europea clasifica los sistemas de Inteligencia Artificial según su nivel de riesgo y establece requisitos para cada categoría, como transparencia, responsabilidad y mitigación de riesgos[25]. En los Estados Unidos de América y Canadá se

---

competencia alegan que las reglas de la App Store de Apple no permiten a los desarrolladores proporcionar información sobre precios dentro de la aplicación, o comunicarse libremente con los clientes sobre ofertas que están disponibles fuera de la App Store. En muchos casos, Apple impone restricciones a los desarrolladores cuando proporcionan enlaces que redirigen a los clientes a una página web externa, dijo el bloque. También dijo que las tarifas que Apple cobra por facilitar operaciones negociales fuera de la App Store van más allá de lo necesario. <u>Apple Hit by First Charges Under EU's New DMA Tech Law - WSJ</u>

[25] La Ley de Mercados Digitales de la Unión Europea, a menudo llamada DMA, promulgó restricciones de gran alcance para las grandes empresas tecnológicas y la competencia digital. Uno de los requisitos era la interoperabilidad, es decir, el desarrollo de *software* que pudiera funcionar en todos los sistemas operativos y *hardware*, lo que facilitaría a los consumidores el traslado de sus datos o el cambio de proveedor.

han promovido Directrices de Inteligencia Artificial Ética, enfocadas en la transparencia, equidad y responsabilidad, con recomendaciones para evitar sesgos y asegurar la toma de decisiones justa.

1.5. Comercio Electrónico y Economía Digital

Gobiernos en múltiples jurisdicciones han promulgado regulaciones para fomentar el comercio electrónico y proteger a los consumidores en línea. A manera de referencia, se puede mencionar la Ley de Comercio Electrónico de India que regula las actividades de las plataformas de *e-commerce*, incluyendo la protección del consumidor, transparencia en las operaciones negociales y gestión de devoluciones; así como las regulaciones de la SEC (*Securities and Exchange Commission*) en los Estados Unidos de América para las operaciones negociales de criptomonedas y Fintech, asegurando la transparencia y protección de los inversores.

7. **Comparación de Enfoques Regulatorios por Regiones**

La progresiva regulación en asuntos digitales en un hecho indiscutible, pero la aproximación empleada en diversas jurisdicciones no es necesariamente unívoca. Al respecto,

---

Apple señaló específicamente esa regulación, diciendo que esos requisitos "podrían obligarnos a comprometer la integridad de nuestros productos de manera que pongan en riesgo la privacidad del usuario y la seguridad de los datos". "Estamos muy motivados para hacer que estas tecnologías sean accesibles para todos los usuarios", dijo la compañía, y agregó que está comprometida a trabajar con la Comisión Europea para encontrar una solución. La Comisión dijo que las grandes empresas tecnológicas que están sujetas a la DMA "son bienvenidas a ofrecer sus servicios en Europa, siempre que cumplan con nuestras reglas destinadas a garantizar una competencia leal". Apple Says Regulatory Concerns Might Prevent Rollout of AI Features in Europe - WSJ

se proporciona una referencia breve acerca de las perspectivas regulatorias aplicadas en diversas naciones y regiones, a saber:

Estados Unidos de América

En asuntos relativos a la regulación aplicada por las autoridades regulatorias federales de los Estados Unidos de América el enfoque es predominantemente sectorial, con regulaciones específicas para privacidad, finanzas, y ciberseguridad. Sin embargo, la atención es fijada principalmente en la innovación y la competencia, con menos regulaciones generales, pero más acciones específicas contra monopolios y protección de datos. En una decisión recientemente dictada por un juez federal se determinó que Google incurrió en prácticas ilegales para preservar su monopolio de los motores de búsqueda, lo que supuso una importante victoria antimonopolio para el Departamento de Justicia en su esfuerzo por frenar a los gigantes tecnológicos de Silicon Valley[26].

---

[26] "Google es un monopolio y ha actuado como uno para mantener su monopolio", escribió Mehta en su decisión de 276 páginas publicada el 5 de agosto de 2024, en la que también culpó a la compañía por destruir mensajes internos que podrían haber sido útiles en el caso. Mehta estuvo de acuerdo con el argumento central del Departamento de Justicia y 38 estados y territorios de que Google suprimió la competencia al pagar miles de millones de dólares a operadores de navegadores web y fabricantes de teléfonos para que fueran su motor de búsqueda predeterminado. Eso permitió a la compañía mantener una posición dominante en la publicidad de texto patrocinada que acompaña a los resultados de búsqueda, dijo Mehta. "Este es un gran momento para que ese movimiento ponga a las grandes empresas tecnológicas bajo control", dijo Rebecca Haw Allensworth, profesora antimonopolio de la Facultad de Derecho de la Universidad de Vanderbilt que ha escrito críticamente sobre Google y otras empresas tecnológicas. Allensworth dijo que lo más probable es que Mehta emita una orden judicial contra los acuerdos de búsqueda de Google o exija que los usuarios elijan afirmativamente qué motor de búsqueda usan en los navegadores, en

Unión Europea

En la Unión Europea prevalece un esquema de regulación integral y uniforme a través de los estados miembros, altos estándares de protección de datos (GDPR), fuertes regulaciones contra el monopolio (*Digital Markets Act*)[27], y un enfoque proactivo en ciberseguridad y ética en Inteligencia Artificial. La Unión Europea también ha propuesto regulaciones específicas para la inteligencia artificial y la responsabilidad de las plataformas digitales.

---

lugar de usar automáticamente uno que pagó por su posición predeterminada. Google Loses Antitrust Case Over Search-Engine Dominance - WSJ

[27] La Unión Europea acusó a Meta Platforms de violar su nueva ley de competencia digital, diciendo que la política de la compañía de dar a los usuarios la opción de pagar una tarifa de suscripción o permitirle usar sus datos para publicidad dirigida no brinda opciones adecuadas. La compañía de redes sociales introdujo el llamado modelo de pago o consentimiento para los usuarios europeos de Facebook e Instagram el año pasado como parte de su plan para cumplir con la Ley de Mercados Digitales de la Unión Europea. La Comisión Europea, el órgano ejecutivo de la Unión Europea, dijo que ese enfoque no funcionó. "Esta elección binaria obliga a los usuarios a dar su consentimiento para la combinación de sus datos personales y no les proporciona una versión menos personalizada pero equivalente de las redes sociales de Meta", dijo la comisión. Los cargos apuntan a una parte fundamental del modelo de negocio de Meta. La compañía reportó más de 35.000 millones de dólares en ingresos publicitarios para el primer trimestre, lo que representa la mayor parte de sus ingresos totales, con alrededor del 23% proveniente de Europa. Si los reguladores de la Unión Europea determinan que Meta infringió sus normas, la empresa podría enfrentarse a una multa de hasta el 10% de sus ingresos mundiales. Las multas podrían alcanzar hasta el 20% de los ingresos mundiales por infracciones reiteradas de la ley. Meta dijo que su plan sigue la dirección que recibió en un fallo del máximo tribunal europeo el año 2023 y cumple con las reglas de la Unión Europea. "Esperamos un diálogo constructivo con la Comisión Europea para poner fin a esta investigación", dijo un portavoz. Meta Hit With EU Charges Over Targeted Advertising - WSJ

América Latina

La perspectiva regulatoria digital varía significativamente por país, pero con un creciente interés en proteger la privacidad y fomentar la inclusión digital. A manera de referencia se puede apreciar que la Ley de Protección de Datos Personales en Brasil (LGPD) es similar a la regulación equivalente del GDPR de la Unión Europea, estableciendo derechos de los ciudadanos sobre sus datos y obligaciones para las empresas. Otros países como México y Argentina están desarrollando marcos regulatorios similares para la protección de datos y ciberseguridad.

Reino Unido

Post-Brexit, el Reino Unido mantiene regulaciones similares a la Unión Europea, pero con un enfoque más flexible, promoviendo la Ley de Protección de datos (*Data Protection Act 2018*), ciberseguridad (*UK Cyber Security Strategy*), y la regulación de Fintech. El Reino Unido busca equilibrar la protección del consumidor con la promoción de la innovación[28].

---

[28] Los funcionarios antimonopolio del Reino Unido están sopesando si la asociación de Microsoft con Inflection AI y la contratación de ex empleados representa una amenaza para la competencia, la última investigación sobre los vínculos de la compañía tecnológica con nuevas empresas de inteligencia artificial en medio de un mayor escrutinio a ambos lados del Atlántico. A principios del año 2024, Microsoft contrató al cofundador de Inflection AI y a casi todos sus empleados, y acordó pagar al emprendimiento emergente alrededor de 650 millones de dólares como parte de una tarifa de licencia para revender su tecnología. El Wall Street Journal informó el mes pasado que la Comisión Federal de Comercio (FTC, por sus siglas en inglés) está investigando si Microsoft estructuró el acuerdo para evitar una revisión antimonopolio de la operación por el gobierno, lo cual podría conllevar que la operación sea considerada una fusión de hecho que pudiera afectar adversamente la competencia en el Reino Unido. Microsoft Faces U.K. Antitrust Probe Over Ties to Inflection AI - WSJ

China

La aproximación regulatoria digital en China está basada en regulaciones estrictas y centralizadas con un fuerte control gubernamental con un enfoque particular en la *Cybersecurity Law*, leyes de criptomonedas, y fuertes restricciones y censura en Internet. El gobierno chino también implementa regulaciones rigurosas sobre el manejo de datos y la operación de empresas tecnológicas[29].

Japón y Corea del Sur

Ambas naciones intentan mantener un balance entre regulación gubernamental y autorregulación industrial, promoviendo leyes de protección de datos, ciberseguridad, y apoyo gubernamental para la innovación tecnológica. Japón ha implementado la Ley de Protección de Información Personal (PIPA), mientras que Corea del Sur ha desarrollado políticas para impulsar la ciberseguridad y la Inteligencia Artificial.

---

[29] China dio un salto en la revolución de la Inteligencia Artificial al desarrollar sistemas que podían ver y analizar el mundo con una velocidad de vanguardia. El área de la Inteligencia Artificial conocida como visión por computadora, que permite el seguimiento y la vigilancia, se alinea con el énfasis del líder chino Xi Jinping en el control político. La mayoría de los modelos de Inteligencia Artificial generativa en China necesitan obtener la aprobación de la Administración del Ciberespacio de China antes de ser publicados al público. El regulador de Internet requiere que las empresas preparen entre 20.000 y 70.000 preguntas diseñadas para probar si los modelos producen respuestas seguras, según personas familiarizadas con el asunto. Las empresas también deben presentar un conjunto de datos de 5.000 a 10.000 preguntas que el modelo se negará a responder, aproximadamente la mitad de las cuales se relacionan con la ideología política y la crítica al Partido Comunista. Los operadores de Inteligencia Artificial generativa tienen que detener los servicios a los usuarios que hacen preguntas incorrectas tres veces consecutivas o cinco veces en total en un solo día. China Puts Power of State Behind AI – and Risks Strangling It - WSJ

África

En términos generales, se puede percibir que la regulación digital es emergente, con un creciente interés en la protección de datos y la inclusión digital. Los marcos regulatorios tienden a ser un tanto divergentes, con algunos países adoptando leyes de protección de datos y ciberseguridad inspiradas en el GDPR y otras regulaciones internacionales. Países como Sudáfrica han implementado la Ley de Protección de Información Personal (POPIA).

El panorama global de la regulación en la economía digital está marcado por la convergencia de tendencias clave como la protección de datos, ciberseguridad, y la regulación de las grandes tecnológicas. Aunque hay variaciones regionales significativas, existe una tendencia común hacia el establecimiento de marcos regulatorios que protejan a los consumidores, fomenten la competencia justa y aseguren el desarrollo ético y seguro de tecnologías emergentes. La cooperación internacional y la adaptación a las rápidas innovaciones tecnológicas serán cruciales para mantener un entorno digital justo y sostenible.

El entorno regulatorio en la economía digital es dinámico y complejo, con variaciones significativas entre regiones y países. La comparación y el análisis transregional permiten identificar desafíos comunes y mejores prácticas, proporcionando una base para desarrollar regulaciones efectivas que fomenten la innovación, protejan a los consumidores y mantengan la competencia justa. La cooperación internacional y un enfoque equilibrado serán clave para manejar los desafíos emergentes y aprovechar las oportunidades en la economía digital global.

8. Principios de Regulación Digital

Según se mencionó *supra*, la regulación se manifiesta por intermedio de instrumentos de legislación formal, actos administrativos del Estado y decisiones de los órganos jurisdiccionales, así como de los acuerdos contractuales dirigidos a regular los derechos y obligaciones de las partes en la ejecución de los negocios jurídicos objeto de estipulación. Tal manifestación surge ante la necesidad objetiva de adecuar el comportamiento de los individuos en contextos determinados, con el propósito fundamental de reducir los costos de transacción que no habrían sido atendidos de manera espontánea o por las deficiencias verificadas en el mercado. Por ello, la regulación tiene una llamada "justificación subsidiaria". Esta justificación subsidiaria debe atender la situación objeto de regulación con la aplicación de medidas proporcionadas que a su vez promuevan certeza jurídica durante su ejecución. En tal sentido, los órganos jurisdiccionales tendrían la misión de redistribuir la riqueza en favor de aquellos que lo merezcan. Sin embargo, esa función redistributiva debe ser aplicada de forma racional, objetiva y transparente, y no necesariamente a través del Derecho privado, con el fin de evitar la ausencia de certeza jurídica y arbitrariedades que resulten en la aplicación de políticas públicas sesgadas en favor de un grupo en particular de la sociedad y en detrimento de otros. Entonces, con base en la combinación de eficiencia y maximización de beneficios para las empresas, de manera agregada o integral se obtienen beneficios públicos. Bajo tales premisas se puede asegurar que un sistema legal adecuado permite la alineación o el balance entre el beneficio de las empresas que viene acompañado por el beneficio de los individuos, lo cual contribuye a beneficiar al público en general.

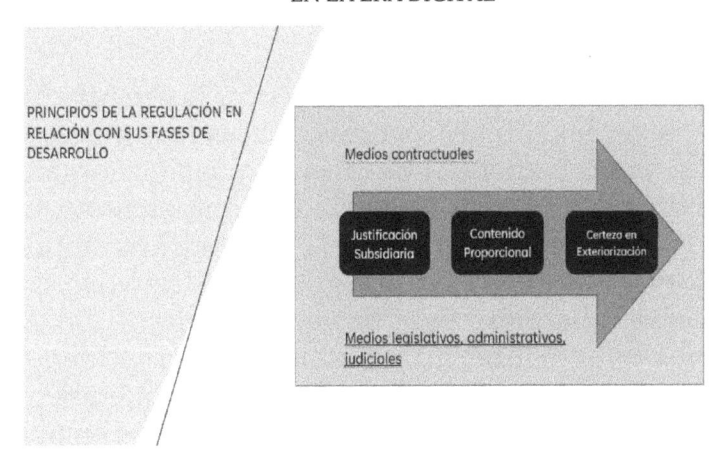

Privacidad de Datos

La regulación acerca de la protección de los derechos de los usuarios de las redes digitales hace énfasis esencialmente en el principio de que la privacidad de los datos es fundamental para proteger la información personal de los usuarios frente a la recopilación, procesamiento y uso indebido por parte de empresas y otras entidades. En términos generales, se puede afirmar que las regulaciones requieren que las empresas obtengan el consentimiento explícito de los usuarios antes de recopilar y usar sus datos, mientras que los individuos tienen el derecho a solicitar la eliminación de sus datos personales de las bases de datos de las empresas[30].

---

[30] La sentencia *Google Spain* ha tenido como resultado la introducción por los principales buscadores disponibles en las plataformas de Internet de mecanismos específicos para la presentación de reclamos por parte de aquellos afectados en la protección de los derechos de sus datos. La aproximación adoptada en la sentencia en cuestión conduce a un análisis casuístico basado en la ponderación de derechos fundamentales por parte de los motores de búsqueda responsables del tratamiento de datos personales, independientemente del control posterior que se verifique por las autoridades competentes. Sin embargo, aún no se dispone de los mecanismos idóneos y uniformes para atender las solicitudes de supresión de datos personales a nivel internacional. La

Seguridad Cibernética

En asuntos de seguridad cibernética, las regulaciones buscan proteger las infraestructuras críticas (como servicios financieros, salud y energía) de ciberataques. Las organizaciones deben notificar a las autoridades competentes y a los afectados en caso de violaciones de seguridad. Las empresas deben implementar medidas de seguridad adecuadas, como cifrado y autentificación, para proteger los datos. En Asia, Singapur y China mantienen y promueven perspectivas regulatorias digitales un tanto disímiles, puesto que mientras en Singapur la Ley de Protección de Datos Personales (PDPA) establece normas claras para la recopilación y manejo de datos personales, y un enfoque proactivo en la ciberseguridad y la innovación; en China, la *Cybersecurity Law* y el creciente control sobre las actividades de Internet y las empresas tecnológicas están enfocadas en la seguridad nacional y el control de la información.

Propiedad Intelectual

La regulación de Derechos de Autor y Patentes protege las creaciones intelectuales y tecnológicas, garantizando que los creadores puedan beneficiarse de su trabajo, mientras se implementan medidas para prevenir y sancionar la piratería y la distribución no autorizada de contenido protegido. Se tiene como objetivo regulatorio equilibrar la protección de la propiedad intelectual con el acceso a la información y la tecnología.

---

sentencia en cuestión ha abierto un amplio conducto para promover el respeto de los derechos de protección de datos personales, mediante el derecho al olvido, cuya aplicación se ha consolidado con ocasión de la vigencia del Reglamento General sobre Protección de Datos de la Unión Europea a partir de mayo del año 2018, como mecanismo dirigido a favorecer la seguridad jurídica y la concreción del llamado derecho al olvido.

Inteligencia Artificial

La Comisión Federal de Comercio (FTC) de los Estados Unidos de América ha comenzado a desarrollar directrices para el uso ético y transparente de la inteligencia artificial en los negocios. Esta regulación busca equilibrar la innovación con la protección del consumidor, fomentando el desarrollo responsable de tecnologías de Inteligencia Artificial.

Cabe resaltar que múltiple número de organismos gubernamentales e internacionales han establecido pautas éticas aplicables a los sistemas de Inteligencia Artificial. A modo de referencia, la OCDE (Organización para la Cooperación y el Desarrollo Económicos) adoptó inicialmente en el año 2019 una serie de principios para los sistemas de Inteligencia Artificial, con el fin de promover su uso responsable y ético. Estos principios tienen como propósito que la Inteligencia Artificial facilite (i) el respeto de los derechos humanos y las libertades fundamentales, evitando los sesgos y la discriminación, mientras promueve la inclusión y la diversidad; (ii) la aplicación de sistemas cuyos procesos sean explicables para los usuarios, permitiendo una comprensión clara de cómo se alcanzan los resultados; (iii) la protección y la privacidad de los datos utilizados en sus sistemas; (iv) la adecuada disposición de mecanismos para la rendición de cuentas y la evaluación continua de sus sistemas; y (v) la promoción del bienestar para contribuir con el desarrollo sostenible[31].

Monedas Digitales

Como consecuencia de los efectos generados por la expansión monetaria inducida durante el transcurso de la pandemia por el COVID entre los años 2019 y 2021, los bancos centrales han tenido como principal prioridad imponer medidas de control monetario para reducir las oscilaciones

---

[31] AI principles | OECD

inflacionarias y, consecuentemente, preservar el valor de sus respectivas monedas nacionales. Adicionalmente, los bancos centrales deben enfocarse en reducir sus balances financieros, por lo menos a los niveles previos a la pandemia por el COVID y, por otra parte, determinar su estrategia en relación con su moneda nacional, incluyendo las eventuales políticas que pudieran adoptar ante el surgimiento generalizado de monedas digitales.

Los bancos centrales de todo el mundo están explorando activamente las monedas digitales de los bancos centrales. De hecho, varios bancos centrales han lanzado sus propias monedas digitales. Una moneda digital emitida por algún banco central es una moneda nacional de curso legal en la respectiva jurisdicción, por lo que al igual que el dinero de papel, una moneda digital emitida por algún banco central sería un pasivo del banco central emisor.

Todo el dinero que usamos hoy consiste en pasivos bancarios, ya sean privados o centrales. Los bancos privados nos proporcionan moneda digital en forma de pasivos de depósito a la vista. Tal como están las cosas actualmente, a todos en el mundo se le permite el acceso al papel moneda emitido por los bancos centrales. Sin embargo, solo los bancos (y algunas otras agencias) tienen acceso a monedas digitales de los bancos centrales. Esto se debe a la forma en que se liquidan los pagos. Cuando dos partes usan papel moneda, no se necesita ningún intermediario para liquidar los pagos; todo se hace de igual a igual (P2P). Por el contrario, el débito y el crédito de las cuentas de los bancos centrales requieren la ayuda de un intermediario, en este caso, los bancos centrales. Debido a que los bancos centrales no están especializados en la prestación de servicios minoristas, la tarea se delega al sector bancario privado, con un número limitado de bancos que utilizan los bancos centrales como su propio banco (Andolfatto, 2021, pp. 344 y 345).

Los promotores de las monedas digitales emitidas por los bancos centrales indican que éstas promoverían la inclusión financiera, estimularían pagos más rápidos, protegerían el estado de ciertas monedas como moneda de reserva y facilitarían la implementación de la política monetaria o fiscal (Kiff at al, 2020)[32].

En relación con las monedas digitales, los recientes desarrollos tecnológicos en el almacenamiento de datos, el procesamiento de datos, la criptografía y las comunicaciones han tenido un profundo efecto en muchos aspectos de la sociedad. Debido a que el dinero y los pagos tienen que ver con la gestión y comunicación de datos, no debería sorprender presenciar la presión que tales desarrollos están ejerciendo sobre el sistema bancario. Si bien nuestro sistema actual y los protocolos que emplea han evolucionado con el tiempo, su estructura básica está arraigada en una era anterior al Internet. Entonces, si bien la moneda digital puede no ser nueva, es correcto tomarse el tiempo para reexaminar los arreglos institucionales y evaluar si y cómo deben evolucionar con el panorama cambiante y, por supuesto, las necesidades de la sociedad (Andolfatto, *Ob. Cit.*, p. 350).

Algunos sectores han expresado preocupación acerca de los efectos potencialmente desestabilizadores de las monedas digitales emitidas por los bancos centrales.

Las monedas digitales emitidas por los bancos centrales serían un pasivo del banco central emisor. En consecuencia, el banco central emisor tiene la responsabilidad directa de mantener, transferir o remitir esos fondos al tenedor de

---

[32] Véase a *Tao Zhang, "Central Bank Digital Currency" (keynote address at the Conference on China's Trade and Financial Globalization, London, March 19, 2020); Andrew Ackerman, "Fed Prepares to Launch Review of Possible Central Bank Digital Currency", Wall Street Journal, October 4, 2021; and Kiff, John and Gross, Jonas. "CBDCs for the People? Where the Current State of Digital Currency Research Leads," CoinDesk, December 3, 2021.*

dicha moneda digital. Esta característica crea un vínculo directo entre los ciudadanos y el banco central, circunstancia que constituye una desviación radical del sistema existente donde las instituciones financieras privadas brindan servicios bancarios a los consumidores minoristas. En relación con los aparentes beneficios que proporcionarían las monedas digitales emitidas por los bancos centrales como medio de pago en el sistema financiero, por ejemplo, el gobernador del Banco de la Reserva de Australia, Philip Lowe, manifestó que *"Hasta la fecha, sin embargo, no hemos visto un caso de política pública sólido para avanzar con una moneda digital, especialmente dado el sistema de pagos electrónicos eficiente, rápido y conveniente de Australia"*.

En otras palabras, una moneda digital emitida por el banco central no ofrece una ventaja de liquidación única a las alternativas existentes, muchas de las cuales ya ofrecen velocidades de liquidación instantáneas o casi instantáneas (Nicholas y Norbert, 2023, p. 6).

Por otra parte, "Digitalizarse" puede ser una mejora para algunas monedas extranjeras, pero esas monedas todavía tienen muchas otras limitaciones que impiden que se utilicen a escala internacional. Además, es una de las razones por las que las criptomonedas se han vuelto una alternativa importante para los ciudadanos de muchos países extranjeros cuyos sistemas de pago son débiles y poco confiables (Nicholas y Norbert, *Ob. Cit.*, p. 6).

Algunos argumentan que las monedas digitales emitidas por los bancos centrales pueden atraer a más clientes que el sector privado porque ofrecen una opción con cero riesgos de crédito y cero riesgos de liquidez. Sin embargo, estas características de riesgo cero se deben totalmente a las garantías gubernamentales que, por supuesto, podrían agregarse a cualquier opción de pago electrónico del sector privado (Nicholas y Norbert, *Ob. Cit.*, p. 7).

La amenaza a la libertad que podría representar una moneda digital emitida por los bancos centrales está estrechamente relacionada con su amenaza a la privacidad. Con tantos datos en la mano y consumidores tan estrechamente conectados con el banco central, una moneda digital emitida por un banco central proporcionaría innumerables oportunidades para que el gobierno controle las operaciones negociales financieras de los ciudadanos. Tal control podría ser preventivo (prohibir y limitar las compras), conductual (estimular y frenar las compras) o punitivo (congelar y confiscar fondos) (Nicholas y Norbert, *Ob. Cit.*, p. 7).

En tanto y cuanto los bancos centrales continúen disponiendo de privilegios de prestamista de último recurso, si los bancos centrales están dispuestos a prestar contra una buena garantía, parece difícil imaginar cómo una corrida en el sistema bancario tendría un impacto material en la capacidad de los bancos para financiar sus activos. Además, existe la posibilidad de ajustar la tasa de la moneda digital emitida por los bancos centrales en respuesta a una corrida. La tasa de la moneda digital emitida por los bancos centrales podría incluso fijarse en nivel negativo, eliminándola efectivamente como una reserva de valor competitiva. En la medida en que la moneda digital emitida por los bancos centrales podría des intermediar algunos fondos del mercado monetario que operan en el sector bancario en la sombra, se podría argumentar que es probable que la moneda digital emitida por los bancos centrales tenga un efecto estabilizador en el sistema financiero (Andolfatto, *Ob. Cit.*, p. 350). En fin, cada banco central tendrá que determinar los beneficios reales de disponer de una moneda digital emitida por éste y los costos asociados con dicha emisión, tomando en consideración especialmente las alternativas disponibles como medio de pagos con la participación del sector privado y los resultados tangibles que obtendrían los agentes del sistema financiero.

Criptoactivos

Las criptomonedas son activos digitales de alcance global, en principio desvinculadas de la actividad económica de un país en particular, al cual se puede acceder y transferir desde cualquier localidad mediante un ordenador. Dichos activos son negociables y sus precios dependen del compromiso de la comunidad con el criptoactivo, lo cual pudiese representar una alta volatilidad en el precio en el mercado. Dada la circunstancia de ser el producto de un proceso descentralizado, las criptomonedas pueden ser producidas y transferidas sin limitación horaria o temporal. Además de la volatilidad en el precio de las criptomonedas, éstas pudiesen ser afectadas por error humano, fallo técnico o fraude, sin que a la fecha haya un mecanismo formal para compensar las pérdidas producidas ante la ocurrencia de tales eventos.

Las criptomonedas, a diferencia de las monedas tradicionales, son digitales exclusivamente. No están usualmente vinculadas a un país concreto, son emitidas a través de la "minería" de los participantes; su oferta no es controlada por algún banco central, sino por la tecnología y los mineros responsables de su producción, no tienen usualmente correlación con las políticas monetarias adoptadas por algún país o grupo de países[33].

Invertir en criptomonedas es ciertamente diferente a invertir en acciones de una empresa en el mercado bursátil porque primeramente las criptomonedas no tienen estados financieros que sirvan de referencia.

Las criptomonedas son representaciones de valor o activos negociables en una red o plataforma digital. Su viabilidad no está determinada por su capacidad de generar un ingreso, sino por la participación de la comunidad a través

---

[33] https://www.ig.com/es/invertir-en-criptomonedas/que-son-las-criptomonedas

de los usuarios, mineros y desarrolladores. Cada criptomoneda es el resultado de las aplicaciones ejecutadas en la plataforma de las cadenas de bloque, la cual como se indicó previamente es descentralizada.

Las criptomonedas varían según las características descritas en una propuesta inicial formulada por el equipo responsable de desarrollarlas. Dicha descripción está contenida en una hoja informativa de términos denominada libro blanco o *White paper*, la cual promociona o resalta las características de la solución digital propuesta, incluyendo los términos y condiciones de las operaciones negociales digitales objeto de emisión. Los referidos términos constituyen una referencia obligada para los inversionistas interesados en participar en las referidas operaciones negociales digitales. El equipo responsable de desarrollar la propuesta negocial usualmente dispone de un medio de comunicación vinculado con el producto con el fin de facilitar las comunicaciones entre los responsables del desarrollo de criptomonedas con la comunidad interesada en el activo.

Al analizar las características específicas de las propuestas de monedas o activos digitales, se debe considerar varios aspectos fundamentales, a saber:

- Es importante establecer un objetivo claro para el uso de la criptomoneda, particularmente si se trata de una novísima modalidad de criptoactivo. En tal sentido, es determinante comprender las soluciones que aporta el criptoactivo para atender los problemas que pretende mitigar. Por otra parte, debe haber una significativa correlación entre la utilidad que la criptomoneda tiene, con el fin de incentivar su uso. En la medida que se maximice la utilidad de la criptomoneda, ésta tendrá mayor valor. Así mismo, la credibilidad de los inversionistas es crucial para otorgarle credibilidad al criptoactivo.

- Además de determinar si la estructura del esquema aplicable a la criptomoneda es centralizada o descentralizada, otro aspecto relevante es determinar cuál es el mecanismo aplicable a la criptomoneda; en otras palabras, las pruebas de trabajo o las pruebas de participación.

- El desarrollo de un cronograma de trabajo que permita determinar (i) la existencia de una prueba de la criptomoneda, (ii) el compromiso del equipo responsable de impulsar la criptomoneda, (iii) ¿cuánto dinero se habría recolectado con la criptomoneda y cuánto se ha usado?, (iv) el perfil de los inversionistas atraídos por la criptomoneda, en el entendido que la base de inversionistas debe ser bien definida y amplia para promover el crecimiento del producto, (v) si existen barreras legales relevantes, (vi) la experiencia de los integrantes del proyecto objeto de desarrollo, (vii) quienes son los asesores del programa propuesto, (viii) la amplitud de la oferta del criptoactivo con el fin de procurar preservar su nivel de capitalización en el mercado, y (ix) si hay un nivel máximo de tenencia o un porcentaje de tenencia para el equipo promotor de la criptomoneda, así como un nivel de distribución entre inversionistas, todo ello con el fin de verificar niveles de transparencia y eventuales eventos de manipulación en el precio del activo digital.

- La emisión de criptomonedas debe ser efectuada en la plataforma tecnológica de cadenas de bloque.

En conclusión, la promoción de criptomonedas y su inversión requieren diligencia debida, al igual que cualquier otra inversión disponible en el mercado, con el fin de determinar su viabilidad, estructura e idoneidad (Zainuddin, 2017).

Para adquirir las criptomonedas cualquier inversionista deberá abrir una cuenta digital de intercambio o billetera digital. Nótese que las billeteras digitales se inician por intermedio de las entidades de intercambio o *Exchange*, siendo el caso que no todas reciben dinero para abrir la cuenta, sino *bitcoins* para así adquirir otras criptomonedas.

Las criptomonedas se procuran mediante la ejecución de un proceso por el cual se recopila el conjunto de operaciones negociales verificadas y se encuentra una solución a un complejo algoritmo con el fin de obtener una cantidad fija de criptomonedas, cuyo número podrá variar según la criptomoneda en que se trabaje. Entonces, primero, se agrupan en un bloque operaciones negociales de criptomoneda nuevas; segundo, el bloque se codifica y se vincula a la cadena de bloques existente, tercero, se obtiene una recompensa, la cual se puede incorporar nuevamente en el mercado.

Las criptomonedas pueden ser intercambiadas y establecerse como un medio de pago convencional, en la medida que sean aceptadas como tales por los acreedores, puesto que están fuera del control de los Estados e instituciones financieras. Tal circunstancia hace que las criptomonedas sean consideradas como un activo negociable equivalente a una materia prima.

El valor de las criptomonedas varía según el compromiso de los usuarios en la red de mantener su precio al convertirlas en divisas tradicionales. Al no ser reguladas por una autoridad oficial centralizada, las criptomonedas y su negociabilidad puede estar afectada por la posición regulatoria adoptada por los diferentes Estados a nivel mundial. A manera de referencia, a continuación, se proporciona la perspectiva adoptada por varios Estados en relación con las criptomonedas (Rooney, 2018), a saber:

Desde una perspectiva general, el G-20 ha planteado la necesidad de establecer recomendaciones acerca de las acciones regulatoria que deberían ser adoptadas en relación con las criptomonedas o criptoactivos. Sin embargo, hay consenso acerca de que estos activos digitales no representan en la actualidad un riesgo particular para la estabilidad financiera mundial, al señalarse el pequeño tamaño de esta clase de activos en comparación con la totalidad del sistema financiero[34].

El Fondo Monetario Internacional ha alertado acerca de los eventuales riesgos de legitimación ilícita de capitales y financiamiento al terrorismo que pudiese conllevar las criptomonedas o criptoactivos, razón por la cual se ha sugerido el establecimiento de políticas dirigidas a proteger a los consumidores de forma similar a las medidas aplicadas al sector financiero tradicional.

A modo particular, Japón, nación que tiene el mercado más grande de criptomonedas, las ha considerado como una moneda de curso legal a partir de abril de 2018. Las entidades de intercambio en Japón requieren un permiso para operar, siendo el primer país en adoptar un sistema nacional para regular el comercio de criptomonedas, especialmente con el fin de prevenir fraudes digitales y promover la disponibilidad de compensaciones para los usuarios afectados.

En los Estados Unidos de América, las criptomonedas no son consideradas monedas de curso legal, de acuerdo con la posición adoptada por el Departamento del Tesoro en

---

[34] Las criptomonedas representan alrededor del 1 por ciento del producto interno bruto mundial, según señaló el Gobernador del Banco de Inglaterra.

2013. Sin embargo, la negociación de criptomonedas es legal, llegando incluso la Comisión de Comercio de Títulos Valores a asimilarlos a títulos valores tradicionales, mientras que la *Commodity Futures Trading Commission* considera a las criptomonedas como materias primas negociables. Por otra parte, el Servicio de Impuesto Interno (IRS) de los Estados Unidos de América estableció que las criptomonedas no son una moneda y las definió como un activo en 2014, oportunidad en la que emitió lineamientos acerca del tratamiento fiscal aplicable. A su vez, el Departamento del Tesoro prohibió en marzo de 2018 a residentes y ciudadanos americanos ejecutar operaciones denominadas en Petro, la criptomoneda respaldada por la República Bolivariana de Venezuela.

La Unión Europea ha establecido que las criptomonedas no son monedas de curso legal, puesto que ningún de sus miembros está autorizado para emitir su propia moneda. En tal sentido, el Banco Central Europeo rechazó los planes de Estonia de emitir una criptomoneda respaldada por el Estado denominada *"Estcoin"*. Las operaciones negociales comerciales con criptomonedas son consideradas legales, según el país de que se trate. Entre los países miembros de la Unión Europea existe preocupación acerca del uso de las criptomonedas como medio para promover operaciones de legitimación ilícita de capitales y financiamiento de actividades ilícitas para lo cual las entidades de intercambio y los emisores de billeteras digitales son objeto de supervisión.

Francia y Alemania están procurando emitir regulaciones conjuntas para delimitar las actividades del mercado de criptomonedas, mientras Francia colocó en una lista negra a 15 entidades de intercambio digital en marzo de 2018, según Reuters.

En Inglaterra, las criptomonedas no son monedas de curso legal. Sin embargo, su comercio es considerado legal, requiriéndose el registro de entidades de intercambio digital ante la Autoridad de Conducta Financiera y debiendo cumplir las regulaciones de prevención de legitimación ilícita de capitales y contra el terrorismo aplicables a las entidades financieras tradicionales.

En Corea del Sur las criptomonedas no son monedas de curso legal. No obstante, las cuentas de intercambio digital deben estar autorizadas por la Comisión de Servicios Financieros. Por otra parte, el mercado de futuros de criptomonedas está restringido en Corea del Sur.

En China las criptomonedas no son monedas de curso legal. En 2017 las autoridades gubernamentales prohibieron a nuevas empresas la captación de fondos de público mediante la colocación de nuevas monedas digitales.

En Singapur las criptomonedas no son monedas de curso legal y los intercambios de activos digitales son legales y susceptibles de ser regulados por la autoridad monetaria de Singapur. Así mismo, las autoridades han emitido avisos para alertar a los consumidores acerca de los riesgos que conllevan las operaciones negociales en criptomonedas.

En India se están considerando medidas para prohibir las criptomonedas como parte del sistema de pagos.

En Suiza las criptomonedas y su comercio son legales, pero se requiere su registro ante la Autoridad Supervisora del Mercado Financiero Suizo. La localidad de Zug, ubicada al sur de Zurich, se ha convertido en un bastión de las criptomonedas por lo que la emisión de los activos digitales está sometida a regulación de las autoridades financieras suizas.

En Venezuela, el gobierno promovió la emisión a inicio del año 2018 de un criptoactivo identificado como criptomoneda soberana Petro, respaldado con el desarrollo potencial de petróleo pesado o extrapesado de acuerdo a una certificadora internacional independiente, localizado en el Bloque

Ayacucho 01 de la Faja Petrolífera del Orinoco.[35] Como consecuencia, por intermedio de la Asamblea Nacional Constituyente, con base en el supuesto poder originario que le habría sido conferido, dictó un decreto constituyente sobre criptoactivos y la llamada criptomoneda soberana Petro.

Gobernanza Digital

Implementación de servicios públicos digitales, como la plataforma "ClaveÚnica" en Chile para acceso a servicios gubernamentales en línea, promoviendo las mejoras en la transparencia gubernamental y la accesibilidad de servicios públicos. En el caso de Colombia se ha promovido la adopción de políticas para mejorar el acceso al Internet y la alfabetización digital en áreas rurales y marginales, aumentando en el uso de servicios digitales y mejora en la conectividad nacional. En algunos países, tal es el caso de Colombia, se ha considerado la plataforma de Internet como un servicio público en virtud del interés del Estado en garantizar el acceso de la población en general a sus redes[36].

---

[35] Decreto No. 3.292 del 23 de febrero de 2018, publicado en la Gaceta Oficial de la República Bolivariana de Venezuela No. 41.347 de la misma fecha.

[36] La Corte Constitucional de la República de Colombia resalta la importancia de la garantía del acceso a Internet y del deber estatal de no injerencia en el acceso a este servicio público por parte de toda la población. En tal contexto, esta corporación comparte la preocupación de las organizaciones de la sociedad civil por las interrupciones del servicio de Internet en el marco de las protestas y concluye que, por ese camino, también se obstaculizó el ejercicio de otros derechos fundamentales relacionados, como el derecho a la reunión y asociación, con la posibilidad de poner en público conocimiento lo ocurrido durante las protestas. Sin duda, las limitaciones para difundir y recibir información como consecuencia de una disrupción en la comunicación digital, en nuestros días, tiene repercusiones en la interacción social que reclama inmediatez de informaciones para, por ejemplo, organizar manifestaciones de manera presencial y virtual y hacer veeduría de su desarrollo. De esta manera también se desprende la vulneración de los men-

Comercio Electrónico

En Argentina, por ejemplo, se ha promovido la adopción de un marco regulatorio para el Comercio Electrónico y los emprendimientos Fintech, mediante regulaciones dirigidas a proteger a los consumidores en operaciones negociales en línea, incluyendo derechos de devolución y transparencia en los términos de servicio, así como normativas específicas para emprendimientos Fintech, promoviendo la innovación mientras se asegura la protección del consumidor y la estabilidad financiera.

Emprendimientos Fintech

La implementación de nuevas regulaciones puede generar volatilidad e incertidumbre en los mercados. Así mismo, las regulaciones pueden incentivar la inversión responsable, mejorar la competencia y proteger a los consumidores, aunque también pueden aumentar los costos operativos de las empresas. Por ello, las regulaciones deben ser claras y comprensibles para todas las partes interesadas. La colaboración entre países y regiones es esencial para abordar desafíos globales. La armonización de normas y prácticas regulatorias puede facilitar el comercio y la innovación transfronteriza. Las regulaciones deben ser flexibles para adaptarse a rápidos avances tecnológicos. La revisión continua de marcos regulatorios, como se ve en los *sandboxes* regulatorios, permite ajustes rápidos y efectivos. La transparencia, la colaboración internacional, la flexibilidad y la participación de las partes interesadas son cruciales para el éxito regulatorio.

---

cionados derechos de reunión y asociación, en el ámbito de las manifestaciones públicas y pacíficas. T-372-23 Corte Constitucional de Colombia

El enfoque regulatorio digital debe estar basado en riesgos y regulación por principios. Es esencial incluir a diversas partes interesadas en el proceso regulatorio para mejorar la calidad y aceptación de las regulaciones. Comités de expertos y consultas públicas, como los realizados en la Unión Europea, aseguran una perspectiva amplia en la elaboración de regulaciones. Estas recomendaciones y análisis comparativos proporcionan un marco para desarrollar políticas que equilibren la innovación y la protección en un mundo en constante evolución tecnológica.

Con base en lo anterior, los formuladores de políticas públicas deben enfocar su atención principalmente en desarrollar marcos regulatorios adaptativos, mediante el establecimiento de regulaciones flexibles y basadas en principios que puedan ajustarse rápidamente a los avances tecnológicos; participar en iniciativas globales para armonizar normativas y compartir mejores prácticas; permitir que las empresas innoven y prueben nuevas tecnologías bajo la supervisión regulatoria, mediante *sandboxes* regulatorios; e involucrar a todas las partes interesadas en el proceso de elaboración de regulaciones para asegurar que las políticas sean inclusivas y equilibradas.

Los emprendimientos empresariales, por su parte, deben adoptar prácticas de cumplimiento proactivo, mediante la implementación de políticas internas que vayan más allá del mero cumplimiento regulatorio para promover la ética y la responsabilidad; asegurar que las infraestructuras y datos estén protegidos contra amenazas cibernéticas, mediante inversiones continuas en ciberseguridad; promover la transparencia con los consumidores sobre el uso de sus datos y las prácticas de Inteligencia Artificial, asegurando la responsabilidad en todas las operaciones; y colaborar con los reguladores para desarrollar regulaciones prácticas y efectivas que promuevan la innovación y la protección del consumidor.

Considero que la regulación digital debe nutrirse de una perspectiva de avanzada basada en la alianza entre los sectores público y privado de cada nación con el propósito de realizar estudios de impacto de las regulaciones existentes para identificar áreas de mejora y ajustar las políticas adoptadas; investigar nuevas formas de regulación que sean más eficientes y efectivas en un entorno digital en rápida evolución; fomentar la creación de redes globales de reguladores, académicos y empresas para compartir conocimientos y mejores prácticas; establecer proyectos de investigación y desarrollo conjuntos que aborden desafíos comunes en la economía digital; invertir en la formación de reguladores y profesionales en temas de economía digital, ciberseguridad, Inteligencia Artificial y privacidad de datos; aumentar la conciencia pública sobre la importancia de la regulación y el cumplimiento en la economía digital para promover una cultura de responsabilidad y seguridad; integrar principios éticos en el desarrollo y la implementación de tecnologías emergentes para garantizar que se utilicen de manera beneficiosa y justa; crear programas de apoyo para emprendimientos emergentes y pequeñas y medianas empresas que desarrollen tecnologías innovadoras, asegurando que tengan los recursos necesarios para cumplir con las regulaciones y prosperar en un mercado competitivo.

Estas reflexiones destacan la importancia de un enfoque equilibrado que promueva la innovación y proteja los derechos y la seguridad de todos los actores en la economía digital. El futuro de la regulación en este ámbito dependerá de la capacidad de los reguladores y las empresas para adaptarse rápidamente y colaborar de manera efectiva.

9. Emprendimientos Fintech y su Regulación

Fintech, originalmente abreviatura de tecnología financiera, se refiere al uso de la tecnología y la innovación para proporcionar productos y servicios financieros. Cuando Fintech surgió en el siglo XXI, el término se aplicó inicialmente a la tecnología empleada en los sistemas de *back-end* de las instituciones financieras establecidas. Desde entonces, sin embargo, ha habido un cambio hacia servicios más orientados al consumidor y, por lo tanto, una definición más orientada al consumidor. Fintech ahora incluye diferentes sectores e industrias como educación, banca minorista, recaudación de fondos y organizaciones sin fines de lucro, y gestión de inversiones, por nombrar algunos[37].

Las empresas Fintech son proveedores no tradicionales habilitados para la tecnología, como nuevas empresas o empresas de tecnología más establecidas, como Apple o Google, que ofrecen productos o servicios financieros tradicionales a los consumidores. Los productos o servicios Fintech generalmente se proporcionan, a veces exclusivamente, a través de Internet o a través de dispositivos móviles, como teléfonos inteligentes, en lugar de proporcionarse a través de visitas cara a cara a sucursales de instituciones financieras. Los productos y servicios que ofrecen las empresas Fintech incluyen: (i) pagos entre individuos y entre individuos y empresas; (ii) préstamos a consumidores y empresas; (iii) asesoramiento sobre gestión de patrimonios o actividades financieras generales; y (iv) tecnología de contabilidad distribuida utilizada para realizar pagos, registrar y rastrear la propiedad de activos y otros fines[38].

---

[37] Financial Technology (Fintech): Its Uses and Impact on Our Lives (investopedia.com)

[38] GAO-18-254, FINANCIAL TECHNOLOGY: Additional Steps by Regulators Could Better Protect Consumers and Aid Regulatory Oversight p. 3.

Hay grandes categorías de usuarios para Fintech: (i) B2B para bancos y sus clientes comerciales, (ii) B2C para pequeñas empresas, y (iii) consumidores. Las tendencias hacia la banca móvil, el aumento de la información, los datos, los análisis más precisos y la descentralización del acceso crearán oportunidades para los estos grupos.

Las empresas Fintech ganan dinero de diferentes maneras dependiendo de su especialidad. Las empresas Fintech bancarias, por ejemplo, pueden generar ingresos por comisiones, intereses de préstamos y venta de productos financieros. Las aplicaciones de inversión pueden cobrar tarifas de corretaje, utilizar el pago por flujo de pedidos (PfOF) o cobrar un porcentaje de los activos bajo administración (AUM). Las aplicaciones de pagos pueden ganar intereses sobre montos en efectivo y cobrar por funciones como retiros anteriores o uso de tarjetas de crédito[39]

Las tendencias regulatorias en lo concerniente a las actividades de los emprendimientos Fintech varía según el desarrollo relativo de la jurisdicción regulada, la sofisticación del mercado objetivo, las características del marco regulatorio financiero, la capacidad técnica de los agentes regulatorios y la necesidad de protección de los clientes y usuarios financieros[40].

---

[39] Financial Technology (Fintech): Its Uses and Impact on Our Lives (investopedia.com)

[40] Desde la perspectiva regulatoria, el autor sostiene que la operatoria bancaria es una actividad compleja que amerita una designación amplia, como sería la de "servicio empresarial con regulaciones de interés general", en virtud de sus características propias y por las repercusiones que tiene su ejecución en la sociedad en la que se prestan sus servicios. Por una parte, se trata de un servicio empresarial porque conlleva la ejecución de un proceso con fines generalmente de lucro, mediante el establecimiento de un marco comercial que procura aumentar las ganancias y el potencial de negocios en un mercado competitivo. Por otra

Los emprendimientos Fintech conllevan agilidad en la prestación del servicio, innovación tecnológica, servicio interactivo con los usuarios, uso electrónico de datos personales, menores costos de transacción, mayor sofisticación del mercado objetivo, alianzas con entidades financieras tradicionales y mayor competencia para atraer a clientes y usuarios, entre otras variables. Se pueden distinguir cinco funciones que presta el sistema financiero a las economías, a través de las cuales reduce los costos de transacción, de obtención de información y de hacer cumplir los contratos: (i) producción de información ex ante acerca de las posibles inversiones y asignaciones de capital; (ii) monitoreo de las inversiones realizadas y de los gobiernos corporativos; (iii) comercialización, diversificación y administración de riesgos; (iv) movilización de ahorros; y (v) provisión de medios de pagos para facilitar el intercambio de bienes y servicios. Hoy en día, cualquiera de estas actividades puede ser el objeto de prestación de los emprendimientos Fintech. En consecuencia, las alternativas que el Estado pudiera adoptar para regular las actividades de los emprendimientos Fintech varían, pudiendo distinguirse las tendencias siguientes:

No adoptar disposición regulatoria para las actividades de los emprendimientos Fintech. Este escenario puede presentarse cuando la penetración de la actividad de los emprendimientos Fintech es reducida o de baja incidencia en el sector financiero, permitiéndose abiertamente que los efectos de la innovación tecnológica que acompaña a los

---

parte, se trata de una actividad con elementos de interés general, ejecutada por particulares en el marco de situaciones que puntualmente pueden requerir la asociación entre el sector privado (empresa) y el sector público (Estado). Véase sobre el particular a Aarons P., Fred. "¿Por qué la actividad bancaria no debe ser un servicio público? Visión comparada de las causas y repercusiones por el papel del Estado en la actividad bancaria" en *Revista venezolana de Derecho mercantil*. Tomo E.1. Caracas, Venezuela. 2021.

emprendimientos Fintech alcance a permear en el mercado objetivo. Esta alternativa regulatoria representa una posición pasiva por parte de las agencias regulatorias dirigida a observar el comportamiento del mercado financiero ante la irrupción de los emprendimientos Fintech, con el fin de determinar sus elementos característicos previo al establecimiento de cualquier marco regulatorio específico para los emprendimientos Fintech. La principal deficiencia de esta alternativa sería la verificación de un eventual arbitraje regulatorio en virtud del potencial tratamiento diferenciado por parte de las agencias regulatorias en detrimento de las entidades prestadoras de servicios financieros tradicionales. Este arbitraje regulatorio se produciría en la medida en que las agencias regulatorias apliquen tratamientos distintos a prestadores de servicios financieros similares, resultando reguladas las entidades prestadoras de servicios financieros tradicionales, mientras que los emprendimientos Fintech quedan exonerados de tal regulación como resultado de la inacción regulatoria del Estado.

Prohibir las actividades de los emprendimientos Fintech. Esta alternativa regulatoria representa una medida de protección absoluta en favor de las entidades prestadoras de servicios financieros tradicionales. Sin embargo, la misma atenta contra la libre competencia y la innovación en el ámbito del mercado financiero. Tal aproximación regulatoria promueve limitaciones en diversidad y calidad de servicios financieros en detrimento de los clientes y usuarios financieros, lo cual contribuiría a reducir niveles de accesibilidad financiera para la mayoría de la población objetivo. Si se considera que los emprendimientos Fintech tienen alcance globalizado por ser accedidos a través de la red de Internet, la aludida prohibición regulatoria promovería el uso clandestino de tales servicios, lo cual exacerbaría la incertidumbre y generaría falta de confianza en los productos y servicios de tecnología Fintech disponibles en la red de Internet. La prohibición se configura en una medida de corto plazo que permite ponderar una estrategia regulatoria; sin embargo, no necesariamente mitiga los riesgos posibles que la innovación tecnológica representa para el sector financiero.

La creación de una oficina regulatoria en apoyo a los emprendimientos Fintech. La referida oficina se constituiría como un centro de análisis técnico y de apoyo a las actividades de los emprendimientos Fintech, además de permitir delinear criterios regulatorios como resultado de la interacción resultante entre los emprendedores Fintech y los oficiales de la oficina regulatoria de apoyo.

La implementación de aceleradoras o incubadoras para proveer asesoramiento a potenciales emprendedores Fintech.

La autorización de emprendimientos Fintech caso por caso, mediante el establecimiento de un plan de acción en función del cumplimiento de metas específicas. El mayor inconveniente que surge de la aplicación de esta alternativa regulatoria es el arbitraje regulatorio consecuencia de la regulación desigual aplicada según el caso de que se trate. Esta alternativa requiere ciertamente de agencias regulatorias con alta capacidad técnica para adaptarse a las necesidades de esquemas Fintech diversos.

La implementación de *sandboxes* regulatorios con el fin de promover alguna modalidad de negocio relevante para la agencia reguladora financiera con el principal objetivo de generar innovación financiera. Dicha implementación está condicionada a un propósito específico que debe ser cumplido en un plazo determinado, aun cuando su formulación pudiera generar discriminación y afectar los derechos de los consumidores.

Considerando que la regulación específica de los emprendimientos Fintech tiene su principal asidero en la innovación tecnológica aportada, ésta puede representar un reto para los reguladores al punto que la regulación financiera tradicional no sea la herramienta adecuada para regular tal actividad. Por ello, no siempre el otorgamiento de licencias operativas a emprendimientos Fintech resulta ser el medio idóneo de regulación. De modo alternativo, la regulación para emprendimientos Fintech podría ser más efectiva si está basada en el registro de actividades específicas, en la administración de riesgos y en función del cumplimiento de resultados de acuerdo con estrategias, procesos y objetivos previamente delimitados (Gurrea Martínez, Remolina, 2020, pp. 141-167).

En el contexto del sector financiero su actividad se ha visto enormemente impactada por los avances de la economía digital y todos los elementos complementarios que le acompañan. Se ha producido un cambio de paradigma por lo que concierne a los instrumentos, los modelos de negocio y las plataformas de acceso mediante las cuales se ha tradicionalmente desarrollado la actividad financiera.

En el caso de la actividad bancaria, se ha producido una evolución a partir de una economía tradicional dominada por entidades bancarias, entidades de ahorros y préstamos, cooperativas de crédito, casas de cambio, entidades emisoras de tarjetas de crédito y débito, entre otras, hasta llegar a un mercado bancario dinamizado en la era digital por la presencia disruptiva de neobancos, prestadores de fondos no bancarios, carteras móviles, pagadores móviles no bancarios, remesadoras de pagos y clubes prestadores de fondos, entre otros participantes. Asimismo, la actividad aseguradora y la del mercado de valores han pasado de ser ejecutadas, la primera por empresas de seguro y la segunda por corredores de valores y asesores de inversión, a actividades desarrolladas en la economía digital por cuentas de agregadores financieros, Robot asesores o *Roboadvisors*, cripto activos, ofertas iniciales de monedas digitales, cadenas de bloques o *blockchain*. De hecho, algunas de las áreas más activas de la innovación Fintech incluyen o giran en torno a las áreas siguientes:

1. Criptomonedas (Bitcoin, Ethereum, etc.), tokens digitales (por ejemplo, NFT) y efectivo digital. Estos a menudo se basan en la tecnología *blockchain*, que es una tecnología de contabilidad distribuida (DLT) que mantiene registros en una red de computadoras, pero no tiene un libro mayor central. *Blockchain* también permite los llamados contratos inteligentes, que utilizan código para ejecutar automáticamente contratos entre partes, como compradores y vendedores.

2. *Open banking*, que es un concepto que propone que todas las personas deben tener acceso a los datos bancarios para construir aplicaciones que creen una red conectada de instituciones financieras y proveedores externos.

3. *Insurtech*, que busca utilizar la tecnología para simplificar y agilizar la industria de seguros.

4. *Regtech*, que busca ayudar a las empresas de servicios financieros a cumplir con las reglas de cumplimiento de la industria, especialmente aquellas que cubren los protocolos contra el lavado de dinero y Conozca a su cliente que combaten el fraude.

5. Los *roboadvisors* utilizan algoritmos para automatizar el asesoramiento de inversión para reducir su costo y aumentar la accesibilidad.

6. Servicios no bancarizados/subbancarizados que buscan servir a personas desfavorecidas o de bajos ingresos que son ignoradas o desatendidas por los bancos tradicionales o las principales compañías de servicios financieros. Estas aplicaciones promueven la inclusión financiera[41].

De lo anterior se deduce que han surgido múltiples alternativas y plataformas bajo la modalidad de emprendimientos Fintech, los cuales han estado caracterizados por la rapidez de las operaciones negociales ejecutadas en tiempo real, la disponibilidad de plataformas tecnológicas ágiles independientes de los bancos y prestadores de servicios financieros tradicionales, el menor costo de transacción y la versatilidad en la prestación de servicios. Todos estos factores han representado una evolución financiera de proporciones inigualables, la cual viene acompañada de la usual predisposición reguladora del Estado. Sin perjuicio de que el Estado pueda tener motivaciones legítimas para regular los servicios financieros de los emprendimientos Fintech, dicha regulación debe preservar criterios de innovación y promover alianzas entre los prestadores de servicios financieros tradicionales y aquellos prestadores de servicios financieros bajo las modalidades disruptivas que conforman la economía digital, sin perder de vista la necesidad de proteger la privacidad de los datos de los consumidores.

Los casos prácticos siguientes ilustran cómo los emprendimientos Fintech pueden navegar y adaptarse a las diversas tendencias regulatorias en Estados Unidos de América, Europa y el resto del mundo, asegurando el cumplimiento y fomentando la innovación en el sector financiero digital.

---

[41] Financial Technology (Fintech): Its Uses and Impact on Our Lives (investopedia.com)

Caso Práctico: Cumplimiento de Normativas en una Fintech de Pagos Digitales en los Estados Unidos de América

Empresa: PagoRápido Inc.

Contexto: PagoRápido Inc. es una empresa Fintech de pagos digitales que ha experimentado un rápido crecimiento en el mercado estadounidense. La empresa necesita asegurarse de que cumple con las normativas financieras y de protección de datos en Estados Unidos de América para mantener su licencia de operación y ganar la confianza de los consumidores.

Desafío: ¿Cómo puede PagoRápido Inc. asegurar el cumplimiento de las normativas regulatorias de los Estados Unidos de América?

Puntos Clave a Considerar:

1. **Licencias y Regulaciones Financieras:**

    o   Obtener las licencias necesarias de los reguladores financieros estatales y federales, como la Oficina del Controlador de la Moneda (OCC) y la Comisión de Bolsa y Valores (SEC).

    o   Cumplir con la Ley de Secreto Bancario (BSA) y las regulaciones de la Red de Ejecución de Delitos Financieros (FinCEN) para prevenir el lavado de dinero y el financiamiento del terrorismo.

2. **Protección de Datos y Privacidad:**

    o   Cumplir con la Ley de Privacidad del Consumidor de California (CCPA) para proteger la información personal de los consumidores.

    o   Implementar políticas y procedimientos para garantizar la seguridad de los datos de los usuarios.

3. **Ciberseguridad:**

    o   Implementar un programa robusto de ciberseguridad que cumpla con las directrices del Instituto Nacional de Estándares y Tecnología (NIST).

- o Realizar auditorías regulares de seguridad y pruebas de penetración para identificar y mitigar vulnerabilidades.

4. **Transparencia y Divulgación:**
    - o Proporcionar información clara y transparente sobre los servicios y tarifas a los consumidores.
    - o Cumplir con la Ley de Protección del Consumidor de la Oficina de Protección Financiera del Consumidor (CFPB) para asegurar prácticas justas y transparentes.

Resultados Esperados:

- o Obtención y mantenimiento de las licencias necesarias para operar legalmente.
- o Aumento en la confianza y satisfacción de los consumidores gracias a la transparencia y protección de datos.
- o Reducción del riesgo de sanciones regulatorias y ciberataques.

Caso Práctico: Adaptación a la Regulación Europea para una Plataforma de Préstamos P2P

Empresa: Astra Finanzas

Contexto: Astra Finanzas es una plataforma de préstamos entre pares (P2P) que opera en varios países europeos. La empresa necesita cumplir con la normativa europea para continuar operando y expandirse en la región.

Desafío: ¿Cómo puede Astra Finanzas asegurar el cumplimiento de las regulaciones europeas para plataformas de préstamos P2P?

Puntos Clave a Considerar:

1. **Directiva de Servicios de Pago (PSD2):**
   - Implementar autenticación reforzada de clientes (SCA) para aumentar la seguridad de las operaciones negociales electrónicas.
   - Facilitar la integración con terceros proveedores mediante APIs abiertas, cumpliendo con los requisitos de PSD2.

2. **Reglamento General de Protección de Datos (GDPR):**
   - Garantizar que todos los datos personales de los usuarios se recopilen, procesen y almacenen de acuerdo con el GDPR.
   - Proporcionar a los usuarios derechos sobre sus datos, como el derecho al acceso, rectificación y eliminación.

3. **Regulación de *Crowdfunding*:**
   - Cumplir con el Reglamento de la Unión Europea sobre el *Crowdfunding* (ECSP) para plataformas de financiación participativa.
   - Asegurar que las campañas de préstamos sean transparentes y que se divulgue toda la información relevante a los inversores.

4. **AML y KYC:**
   - Implementar procedimientos robustos de Conozca a Su Cliente (KYC) y Anti-Lavado de Dinero (AML) para prevenir actividades ilícitas.
   - Cumplir con las directrices de la Autoridad Bancaria Europea (EBA) para la prevención del lavado de dinero.

Resultados Esperados:

- Cumplimiento de las regulaciones europeas y aumento de la confianza de los inversores y prestatarios.

- Mejora en la seguridad de las operaciones negociales y la protección de datos de los usuarios.

- Posibilidad de expansión en nuevos mercados europeos gracias a la adaptación regulatoria.

Caso Práctico: Navegación en el Entorno Regulatorio Global para un emprendimiento Fintech de Criptomonedas

Empresa: CryptoTech

Contexto: CryptoTech es un emprendimiento Fintech que ofrece servicios de intercambio y almacenamiento de criptomonedas. Con operaciones en varios continentes, la empresa enfrenta diferentes entornos regulatorios en cada región.

Desafío: ¿Cómo puede CryptoTech cumplir con las diversas regulaciones en los Estados Unidos de América, Europa y otros mercados globales?

Puntos Clave a Considerar:

1. **Regulación en los Estados Unidos de América:**

    o   Registrar la empresa como una Empresa de Servicios Monetarios (MSB) ante FinCEN.

    o   Cumplir con las regulaciones de la SEC y la CFTC si se ofrecen productos derivados o inversiones en criptomonedas.

2. **Regulación en Europa:**

    o   Cumplir con las directrices del Mercado de Criptoactivos (MiCA) para regular las criptomonedas y los servicios asociados en la Unión Europea.

    o   Implementar las normativas del GDPR para proteger los datos personales de los usuarios europeos.

3. **Regulación en Asia:**
    - Asegurarse de cumplir con las regulaciones específicas de cada país, como las directrices de la Agencia de Servicios Financieros (FSA) en Japón y las regulaciones del Banco Popular de China (PBOC).
    - Adaptar las políticas de KYC y AML a las exigencias locales para prevenir el lavado de dinero y el financiamiento del terrorismo.

4. **Normas Internacionales:**
    - Seguir las recomendaciones del Grupo de Acción Financiera Internacional (GAFI) para la regulación de criptomonedas.
    - Implementar estándares globales de ciberseguridad y protección de datos para asegurar la integridad y seguridad de las operaciones negociales.

Resultados Esperados:

- Cumplimiento de las regulaciones en todos los mercados operativos y reducción del riesgo de sanciones legales.
- Mayor confianza de los usuarios y autoridades regulatorias en la plataforma.
- Expansión sostenible y segura en nuevos mercados globales gracias a una estrategia de cumplimiento robusta.

Caso Práctico: Implementación de Normativas Fintech en Mercados Emergentes

Empresa: FintechEmergente

Contexto: FintechEmergente es una empresa que ofrece servicios financieros digitales en mercados emergentes como América Latina, África y el Sudeste Asiático. La empresa necesita navegar por un entorno regulatorio diverso y a menudo en desarrollo.

Desafío: ¿Cómo puede FintechEmergente cumplir con las normativas locales y fomentar la inclusión financiera en mercados emergentes?

Puntos Clave a Considerar:

1. **Cumplimiento Regulatorio Local:**
   o Identificar y cumplir con las regulaciones específicas de cada país, incluyendo licencias, requisitos de capital y normativas de protección al consumidor.
   o Establecer relaciones con reguladores locales y participar en foros y asociaciones de la industria para mantenerse actualizado sobre cambios regulatorios.

2. **Fomento de la Inclusión Financiera:**
   o Diseñar productos financieros que sean accesibles y asequibles para poblaciones no bancarizadas.
   o Implementar programas de educación financiera para ayudar a los usuarios a comprender y utilizar los servicios financieros digitales de manera efectiva.

3. **Seguridad y Protección de Datos:**
   o Asegurar que los datos de los usuarios estén protegidos mediante la implementación de estándares internacionales de ciberseguridad.
   o Cumplir con las leyes locales de protección de datos y privacidad, adaptándose a las normativas emergentes.

4. **Innovación y Adaptación:**
   o Innovar en soluciones tecnológicas que puedan operar eficazmente en entornos con infraestructura limitada, como aplicaciones móviles ligeras y servicios basados en SMS.
   o Adaptar los servicios a las necesidades y comportamientos locales, utilizando investigaciones de mercado y *feedback* de los usuarios.

Resultados Esperados:

- Cumplimiento con las regulaciones locales y contribución al desarrollo del ecosistema Fintech en mercados emergentes.
- Aumento en la inclusión financiera y mejora en la calidad de vida de los usuarios.
- Expansión sostenible y reputación positiva como líder en innovación y responsabilidad social en mercados emergentes.

Capítulo V

REGULACIÓN EFICIENTE: CASOS APLICABLES A LOS EMPRENDIMIENTOS FINTECH

V. REGULACIÓN EFICIENTE: CASOS APLICABLES A LOS EMPRENDIMIENTOS FINTECH

El Derecho y la economía, como ciencias sociales que son, tienen una injerencia particular en la articulación adecuada de las políticas públicas. Tales políticas públicas no deben limitarse a un análisis económico o, dicho de otro modo, de la asignación racional de los recursos públicos, sino la incorporación de factores o variables relacionadas con la preservación institucional, la aceptación y el apoyo social, así como la idoneidad organizativa, gerencial y operativa de los organismos y personal encargado de llevar adelante tales actividades. Este es uno de los retos fundamentales de la sociedad y por ello el interés de promover métodos de predicción para que la implantación de dichas políticas sea integral, eficiente y con resultados positivos para la población en general y, en consecuencia, para la mayor porción posible de los individuos que la conformen. Con base en lo anterior, las políticas públicas conforman un conjunto de acciones estructuradas, estables, sistemáticas, con apego a la legalidad, que representan el modo como el gobierno de turno ejecuta con base en la razón y de manera sostenida las funciones públicas encomendadas, con el fin de otorgar debida atención a los problemas públicos. El Derecho tiene una función social relevante, no solo para analizar incidencias de índole constitucional, histórica, contractual, administrativa, jurisdiccional, regulatoria y sancionatoria, entre otras, sino también para ponderar adecuadamente variables que contemplen criterios institucionales, de políticas públicas, económicos, sociales y éticos.

Las leyes y demás disposiciones normativas deben ser conformadas con una visión integral, con el propósito de establecer un marco regulatorio racional que tome en consideración las variables antes indicadas. Al lograrse dicho propósito, la interrelación entre el Derecho y la economía se incrementa positivamente, y las políticas públicas resultantes de dicha interrelación se materializan mediante elementos objetivos. Todo ello permite la configuración de disposiciones normativas que atiendan las expectativas racionales de la población y que satisfagan sus necesidades esenciales.

En la medida en que la aplicación del Derecho alcance semejante perspectiva, en esa medida será más eficiente su conceptualización e implementación. La institucionalidad se configura entonces como un elemento esencial para promover desarrollo mediante la preservación de un entorno favorable para promover las inversiones mínimas necesarias que permitan asegurar los niveles de crecimiento económico aspirados en los países en desarrollo.

EMPRENDIMIENTO, MANEJO DE RIESGOS Y REGULACIÓN

	SEED	EARLY	GROWTH	EXPANSION	
ESTRUCTURA FORMAL y FINANCIERA	Capital Semilla-FFF	Capital de Riesgo-VC	Mercados Financieros	Oferta Pública	E
GOBIERNO CORPORATIVO	Accionistas-Gerencia	Obligación Fiduciaria ante Contrapartes	Responsabilidad ante Terceros/Protección de datos y privacidad	Responsabilidad Social	X
BARRERAS DE ENTRADA-ALCANCE DE PENETRACIÓN DE MERCADO	Conectividad Tecnológica "Sandboxes regulatorios"	Canales de Distribución de Productos y Servicios	CROSS SELLING y Segmentación de Mercados	Alianzas Estratégicas	I
CUMPLIMIENTO - OPERACIONES	Interpretación normativa e identificación de Riesgos	Capacidad Mitigadora de Riesgos	Plataforma Operativa y de Control Robusta	Balance entre Innovación y Regulación	T

El debate en torno a cómo lograr una regulación eficiente y equilibrada que promueva el interés general mientras permite el adecuado funcionamiento del mercado es fundamental en la teoría económica y jurídica. Abordar estas premisas y preguntas involucra un análisis profundo de los principios económicos y jurídicos que rigen la relación entre intervención estatal y libre mercado. A continuación, intentaré responder sucintamente ciertos aspectos claves al referirme a la regulación eficiente. A modo de referencia, el sector financiero y su operación ha revolucionado mediante el acceso a múltiples canales de acceso y productos digitales, tales como la banca en línea, los emprendimientos Fintech y las criptomonedas.

La regulación del sistema financiero tiene como motivaciones no solo la protección de los usuarios, sino también el control macroeconómico, la locación de recursos, el control estructural, prudencial y organizacional del sistema. Cualquier análisis regulatorio debería identificar niveles eficientes de regulación en diferentes segmentos del mercado, tomando en consideración factores institucionales o vinculados con el Derecho para considerar las preferencias de los individuos a ciertas medidas normativas, en medio de un contexto de libertad, amplitud, democracia y valores morales. La regulación en el sistema financiero debe asegurar la certeza y la confianza como variable fundamental de funcionamiento del sistema financiero. De allí que la normativa regulatoria bancaria deba caracterizarse por ser mutable, instrumentalista, profesional, retributiva, internacional y autónoma, siendo esta autonomía legislativa, científica y didáctica (Prats, Victoria, 2012).

a. Concepto de operar en un mercado y eficiencia del mercado:

Operar y desarrollar una actividad económica libremente implica poder llevar a cabo operaciones negociales y decisiones económicas sin interferencias excesivas del Estado, dejando que la oferta y la demanda determinen los precios y la asignación de recursos.

Un mercado se considera eficiente cuando los precios de los bienes y servicios reflejan completamente la información disponible, los costos marginales son iguales a los beneficios marginales y no hay información privilegiada. Esto se conoce como la hipótesis de eficiencia de los mercados.

b. Intervención estatal para promover el interés general:

El Estado debe intervenir principalmente para promover el interés general cuando existen fallas de mercado que impiden la asignación eficiente de recursos o cuando se requiere proteger aspectos específicos, como la competencia, el medio ambiente o los derechos de los consumidores.

c. Criterios de una regulación racional y eficiente:

Una regulación racional y eficiente debe ser coherente, transparente, proporcional, basada en evidencia, flexible para adaptarse a cambios, y buscar maximizar el bienestar social sin imponer cargas innecesarias a los agentes económicos.

d. Uso del Modelo PRINCE 2.0 para lograr eficiencia en regulación:

A propósito de determinar el nivel de eficiencia de las regulaciones, he diseñado un modelo cualitativo que tiene como propósito fundamental poner a disposición una metodología de análisis ponderado de múltiples variables. El modelo de Predicción de Impacto de Normas sobre el Crecimiento Económico, identificado como *"Modelo PRINCE"*, fue originalmente propuesto en el año 2017 (Aarons, 2017, pp. 307-317). El Modelo PRINCE es una herramienta interesante y útil para evaluar el impacto potencial de normas y políticas públicas en el crecimiento económico de una nación. Se trata de un instrumento dúctil para identificar los aspectos específicos que inciden para que una disposición normativa o regulación sea considerada como eficiente o no. Su enfoque inicial en variables institucionales, políticas públicas, económicas, sociales y éticas proporciona una estructura integral para analizar diversos aspectos que pueden influir en el éxito o fracaso de una normativa. Ahora se le ha añadido una variable de innovación tecnológica. Incluir una variable de innovación tecnológica en la segunda versión del Modelo PRINCE (Modelo PRINCE 2.0) permitiría evaluar cómo las normativas impactan en el desarrollo y la adopción de nuevas tecnologías, lo cual es fundamental en un entorno económico cada vez más influenciado por la innovación y la digitalización. En tal sentido, se ponderarán los criterios verificadores para reflejar la importancia de la innovación tecnológica en la promoción del crecimiento económico y la competitividad.

El Modelo PRINCE 2.0 puede ser útil para evaluar la eficacia de regulaciones con base en criterios específicos y ponderados. Identificar áreas de mejora en la regulación a través de la evaluación de múltiples variables puede contribuir a una regulación más eficiente y efectiva.

e. Regulación eficiente y su viabilidad:

La regulación eficiente busca equilibrar la protección del interés general con la promoción de la libertad económica. Si se logra aplicar regulaciones que respondan a criterios claros y bien definidos, es posible alcanzar un equilibrio óptimo entre intervención estatal y funcionamiento del mercado.

Según se indicó *supra*, además de las variables de políticas públicas, institucionales, económicas, sociales y éticas incluidas en la versión original del Modelo PRINCE, su versión 2.0[42] incluye una variable adicional de innovación tecnológica, con el propósito de considerar si la normativa o regulación objeto de análisis atiende los aspectos siguientes:

A. Impacto potencial en la adopción de tecnologías emergentes: Evaluación del grado en que la norma puede promover la adopción y el desarrollo de tecnologías innovadoras.

B. Impulso a la competitividad a través de la innovación: Medición de cómo la norma puede fomentar la competitividad de las empresas mediante la introducción de tecnología y procesos innovadores.

C. Adaptabilidad a entornos tecnológicos cambiantes: Evaluación de la flexibilidad de la norma para ajustarse a cambios tecnológicos y fomentar la innovación continua.

D. Fomento de la eficiencia y productividad: Análisis de cómo la norma puede contribuir a mejorar la eficiencia y productividad a través de la aplicación de tecnología innovadora.

La ponderación de criterios y la asignación de puntuaciones permiten una evaluación sistemática y detallada, brindando una visión más completa de los posibles efectos de una norma en la economía y la sociedad. Además, el énfasis en la participación ciudadana y la transparencia en la ejecución de normativas es un aspecto positivo que promueve la democracia y el buen gobierno. Sin embargo, la efectividad del Modelo PRINCE 2.0 dependerá en gran medida de la calidad de los datos utilizados para la evaluación, así como de la interpretación y aplicación correcta de los

---

[42] Véase la ficha técnica del Modelo PRINCE 2.0 en el Apéndice 1.

resultados obtenidos. Es importante tener en cuenta que, al ser una herramienta de medición, el modelo proporciona una guía para la toma de decisiones, pero no debe considerarse como un predictor absoluto del impacto real de una norma en la economía.

El Modelo PRINCE 2.0 es una herramienta valiosa que puede ayudar a los responsables de formular políticas públicas a tomar decisiones más informadas y a considerar una variedad de factores en sus evaluaciones. Su enfoque holístico y su estructura detallada lo convierten en un recurso potencialmente valioso para promover el crecimiento económico sostenible y el desarrollo de una nación.

El Modelo PRINCE 2.0 podría ser un instrumento efectivo para determinar la existencia de una regulación eficiente al evaluar de manera integral diferentes aspectos que influyen en el impacto de una norma en el crecimiento económico y el bienestar social. Se presentan a continuación algunas formas en las que el Modelo PRINCE 2.0 puede contribuir a la identificación de una regulación eficiente:

1. **Análisis completo**: El Modelo PRINCE 2.0 abarca múltiples variables que van más allá de lo estrictamente económico, considerando aspectos institucionales, políticos, sociales, éticos y de innovación tecnológica. Esto proporciona una visión global de los posibles efectos de una regulación, lo que permite una evaluación más completa de su eficacia.

2. **Ponderación y acumulación de resultados**: Al asignar puntuaciones y ponderar los criterios evaluados en cada variable, el modelo ofrece una manera de cuantificar y comparar diferentes aspectos de una regulación. Esto puede ayudar a identificar áreas específicas que puedan necesitar ajustes para mejorar la eficiencia de la normativa.

3. **Enfoque cualitativo y participativo**: El Modelo PRINCE 2.0 considera la participación ciudadana y la transparencia en la evaluación de normativas. Al involucrar a diversos actores y tener en cuenta aspectos éticos y sociales, se pueden identificar posibles deficiencias en la regulación que podrían afectar su eficiencia.

4. **Adopción de medidas correctivas**: Al permitir la medición *"ex-ante"* y *"ex-post"* de una regulación, el Modelo PRINCE 2.0 ofrece la posibilidad de ajustar normativas durante su implementación o realizar cambios en normativas futuras con base en los resultados obtenidos. Esto facilita la corrección de posibles deficiencias y la mejora continua de las regulaciones.

El Modelo PRINCE 2.0 puede ser entonces un instrumento efectivo para determinar la eficiencia de una regulación al ofrecer un enfoque completo, cuantificable y participativo para evaluar su impacto en el crecimiento económico y el bienestar social. Al considerar múltiples factores y permitir ajustes basados en resultados medidos, el modelo puede ayudar a identificar regulaciones eficaces y promover una mejor toma de decisiones en el ámbito normativo. Lograr una regulación eficiente implica encontrar el equilibrio adecuado entre intervención estatal y libre mercado, basándose en criterios claros y razonables. Con base en lo anterior, el Modelo PRINCE 2.0 puede ser entonces utilizado como una herramienta valiosa para evaluar y mejorar la eficacia de las regulaciones, identificando oportunidades de optimización y ajustes necesarios para aumentar la eficiencia en la configuración y ejecución de las normativas y los contratos.

El caso práctico siguiente ilustra cómo los emprendimientos Fintech pueden utilizar el Modelo PRINCE 2.0 para navegar y adaptarse a las diversas tendencias regulatorias en Estados de América Latina, asegurando el cumplimiento y fomentando la innovación en el sector financiero digital.

Caso Práctico: Medición de la Eficiencia Regulatoria en un emprendimiento Fintech de Criptomonedas en América Latina

Empresa: CryptoLatam

Contexto: CryptoLatam es un emprendimiento Fintech que ofrece servicios de intercambio y almacenamiento de criptomonedas en varios países de América Latina. La empresa necesita medir la eficiencia de las regulaciones locales dictadas por los gobiernos de cada país para asegurar su cumplimiento y expandirse en la región.

Desafío: ¿Cómo pueden los gobiernos de América Latina medir la eficiencia de las regulaciones utilizando el Modelo PRINCE 2.0?

Puntos Clave Por Considerar y Medir:

1. **Variables Institucionales:**

    o **Respeto a la Institucionalidad Legal:** Verificar si la normativa dictada por el gobierno cumple con la "Pirámide jurídica de Kelsen" (puntuación positiva si es así).

    o **Separación de Poderes:** Evaluar si las regulaciones respetan la independencia de los poderes políticos (puntuación positiva si se respeta).

    o **Antecedentes del Estado:** Analizar el historial de cumplimiento y previsibilidad de las regulaciones gubernamentales (puntuación positiva si hay precedentes claros y consistentes).

    o **Mecanismos de Evaluación:** Verificar la existencia de mecanismos de evaluación efectiva implementados por el gobierno (puntuación positiva si existen).

2. **Variables de Políticas Públicas:**

    o **Contradicciones con Políticas Públicas:** Identificar contradicciones entre las políticas públicas y las normativas dictadas (puntuación positiva si no hay contradicciones).

    o **Ejecución en el Mediano Plazo:** Evaluar la viabilidad de ejecución en el mediano plazo de las regulaciones (puntuación positiva si es viable).

    o **Mecanismos Transparentes:** Verificar la transparencia de los mecanismos de ejecución estatales (puntuación positiva si son transparentes).

    o **Sustitución o Vacío Normativo:** Determinar si las regulaciones llenan vacíos legales o reemplazan normativas anteriores (puntuación positiva si se llenan vacíos).

    o **Consulta a la Ciudadanía:** Medir la efectividad del proceso de consulta pública (puntuación positiva si es efectivo).

3. **Variables Económicas:**

    o **Contribución a Metas Macroeconómicas:** Medir el impacto de las regulaciones en metas macroeconómicas (puntuación positiva si contribuye positivamente).

    o **Certidumbre Macroeconómica:** Evaluar la certidumbre económica generada por las regulaciones (puntuación positiva si es alta).

    o **Disponibilidad de Instrumentos:** Verificar la disponibilidad de herramientas necesarias para aplicar las regulaciones (puntuación positiva si están disponibles).

    o **Incidencia en Comercio e Inversión Extranjera:** Medir el impacto de las regulaciones en comercio e inversión (puntuación positiva si es positivo).

- **Impacto en el Poder Adquisitivo:** Evaluar el impacto de las regulaciones en el poder adquisitivo (puntuación positiva si es positivo).

4. **Variables Sociales:**
    - Estabilidad de Economías Domésticas: Medir la contribución de las regulaciones a la estabilidad financiera de los hogares (puntuación positiva si contribuye positivamente).
    - Bienestar Común: Evaluar el impacto de las regulaciones en el bienestar común (puntuación positiva si es positivo).
    - Efectos Especiales: Identificar efectos específicos de las regulaciones en sectores sociales (puntuación positiva si son positivos).
    - Nivel de Aceptación: Medir la aceptación de las regulaciones entre la población (puntuación positiva si es alta).

5. **Variables Éticas:**
    - Contrarrestar la Corrupción: Evaluar la eficacia de las regulaciones en reducir la corrupción (puntuación positiva si es efectiva).
    - Evitar Mecanismos Informales: Medir la capacidad de las regulaciones para evitar métodos informales (puntuación positiva si es efectiva).
    - Simplificación Burocrática: Evaluar la simplificación de procesos burocráticos implementada por las regulaciones (puntuación positiva si es significativa).

6. **Variables de Innovación Tecnológica:**
    - Impacto en Tecnologías Emergentes: Medir cómo las regulaciones promueven tecnologías emergentes (puntuación positiva si promueven).

- Impulso a la Competitividad: Evaluar el fomento de la competitividad a través de la innovación tecnológica (puntuación positiva si fomenta).

- Adaptabilidad a Cambios Tecnológicos: Medir la flexibilidad de las regulaciones ante cambios tecnológicos (puntuación positiva si es flexible).

- Fomento de la Eficiencia: Evaluar cómo las regulaciones mejoran la eficiencia operativa (puntuación positiva si mejora).

Resultados Esperados:

- Puntuación Agregada: Si la puntuación agregada es mayor del 50%, la regulación se considera eficiente. Si es igual o menor al 50%, no se considera eficiente.

- Cumplimiento Regulatorio: Asegurar cumplimiento regulatorio y optimización operativa de CryptoLatam.

- Confianza y Satisfacción: Aumentar la confianza y satisfacción de los usuarios de CryptoLatam.

- Impacto Regulatorio: Determinar el nivel de incidencia de la regulación propuesta en el entorno operativo.

Capítulo VI

CONTRATACIÓN Y TRIBUTACIÓN DIGITAL

VI. CONTRATACIÓN Y TRIBUTACIÓN DIGITAL

1. Los Contratos como Instrumentos de Autorregulación

a. El Negocio Jurídico

Al discutir la relevancia del contrato como instrumento de autorregulación entre las partes, es necesario hacer una referencia previa a la noción de negocio jurídico.

El negocio jurídico representa la expresión fundamental de la autonomía de la voluntad, ya que consiste en declaraciones de voluntad. Estas declaraciones pueden ser simples, si hay una sola declaración de voluntad, como en el caso del testamento, o complejas, cuando coexisten varias declaraciones de voluntad. En este último caso, aunque haya varias declaraciones, se configura un negocio jurídico único, de acuerdo con la unidad superior contractual conformada por la ley.

Desde la perspectiva normativa del Derecho, se llama "negocios jurídicos" a los actos en los que el autor tuvo como fin inmediato la consecución de efectos jurídicos, tomando la ley en cuenta dicha finalidad (Cifuentes, 2004, p. 141). Sin hechos, no hay Derecho; sin embargo, no todos los hechos tienen trascendencia jurídica. Los hechos jurídicos son aquellos que tienen relevancia jurídica debido a los efectos que producen (Compagnucci de Caso, 1992, p. 1). Un hecho será jurídico en la medida en que el Derecho le otorga una consecuencia jurídica. En ausencia de una norma, no se produciría un efecto jurídico por la verificación del hecho.

Como indica Betti en su obra sobre la teoría general del negocio jurídico, "los hechos jurídicos son aquellos a los que el Derecho atribuye trascendencia jurídica para cambiar situaciones preexistentes y configurar nuevas situaciones con nuevas calificaciones jurídicas" (Betti, 1959, p. 6). Es necesario analizar el fenómeno jurídico cuestionando por qué otorgamos relevancia jurídica a ciertos eventos y no a otros. La existencia de la norma jurídica es determinante para establecer el nexo de causalidad con el hecho verificado, ya que sin ella no habría consecuencia jurídica.

Las relaciones jurídicas creadas por hechos de efectos vinculantes deben estar enmarcadas en las limitaciones impuestas por el orden jurídico, considerando los aspectos sociales y económicos aceptables. Por ello, están sujetas a revisión para asegurar la preservación de la buena fe, las buenas costumbres, la protección de sectores privilegiados y otros factores determinantes para promover la utilidad racional, así como criterios de justicia y moralidad en la sociedad. Es crucial asegurar que las razones de orden público se dirijan con un propósito justificado y proporcionado, evitando que la libertad de determinación de los particulares se convierta en una noción abstracta y olvidada.

La libre contratación y el respeto a la voluntad surgen de la facultad de las personas de hacer todo lo que no esté expresamente prohibido. "La ley reglamenta ciertas declaraciones y descarta algunos negocios jurídicos, impidiendo los efectos que los individuos se han propuesto. La declaración solo vale si reúne los requisitos prescriptos por la ley (del sujeto, del objeto, de la causa, de la forma)" (Cifuentes, Ob. Cit., p. 150). Sin embargo, estos requisitos, al configurarse en un marco delimitativo de conducta, deben establecerse con carácter excepcional. Todo dependerá del asunto tratado y la pertinencia de los límites establecidos sobre la autonomía de la voluntad. El acto jurídico debe entenderse como los actos voluntarios lícitos que tienen por fin inmediato la adquisición, modificación o extinción de relaciones o situaciones jurídicas. Además, el objeto del acto jurídico no debe ser un hecho imposible o prohibido por la ley, contrario a la moral, las buenas costumbres, el orden público o lesivo de los derechos ajenos o de la dignidad humana. Tampoco puede ser un bien prohibido por algún motivo especial (artículos 259 y 279 del Código Civil y Comercial de la Nación Argentina).

La expresión "acto jurídico" utilizada en el Derecho francés (*acte juridique*) es equivalente a la expresión alemana "negocio jurídico" (*Rechtsgeschäft*), con el fin de identificar manifestaciones de voluntad del hombre con miras a generar un efecto jurídico, ya sea para engendrar, modificar o extinguir derechos. El negocio jurídico es una figura del Derecho privado que indica la conducta particular de disposición de los propios intereses en las relaciones del comercio jurídico. Además, los desarrollos alcanzados en la elaboración de su teoría lo han convertido en una fuente de obligaciones, pudiendo sustituir la expresión genérica "acto jurídico" por la de "negocio jurídico". En el acto jurídico no media la autonomía privada, ya que un determinado efecto jurídico surge inde-pendientemente de la voluntad del autor, mientras que, en el negocio jurídico la autonomía privada es fundamental, comprendiendo todos aquellos actos lícitos cuya razón de ser y función es la disposición de intereses (Hinestrosa, 2015, p. 66).

b. Los Contratos

El ilustre profesor colombiano Fernando Hinestrosa definía el contrato como una especie de convención o pacto, que representa el consentimiento de dos o más personas para formar entre ellas un compromiso, resolver uno precedente o modificarlo. Esta convención tiene como objeto principal el ejercicio de la autonomía privada (Hinestrosa, *Ob. Cit.*, p. 61).

Según Messineo, los contratos, independientemente de su forma específica, tienen una función y un contenido constantes: son los instrumentos mediante los cuales se realizan los más diversos fines de la vida económica, al armonizar intereses opuestos (Messineo, 1979, p. 434). El término "contrato" tiene múltiples implicaciones o significados, ya que puede aplicarse como: (i) un conjunto de normas, en el caso del contrato normativo, que no da lugar al nacimiento de una relación patrimonial; (ii) un documento, que se constituye como un medio de prueba; (iii) la materialización de un elemento constitutivo, cuando se trate de un contrato solemne; o (iv) la subespecie principal del negocio jurídico bilateral patrimonial.

El código civil y comercial italiano de 1942 establece que el contrato es el acuerdo de dos o más partes para constituir, regular o extinguir entre sí una relación jurídica patrimonial. Las partes pueden libremente determinar su contenido dentro de los límites impuestos por la ley y las normas corporativas. Además, las partes pueden concluir contratos que no pertenezcan a tipos con una disciplina particular, siempre que busquen realizar intereses merecedores de tutela según el ordenamiento jurídico. Similares definiciones se encuentran en los códigos civiles y mercantiles de Argentina, Colombia, España, Francia, México y Perú, entre otras jurisdicciones, lo cual evidencia la naturaleza universal del contrato y sus repercusiones.

Los contratos constituyen el flujo sanguíneo de la economía, razón por la cual tienen una importancia crucial en el funcionamiento de la sociedad. Aunque su conformación ha evolucionado para adaptarse a las necesidades de las partes contratantes, su esencia siempre debe preservar el equilibrio financiero adecuado de los intereses que determinan la relación contractual. En "La Riqueza de las Naciones", obra de Adam Smith y principal referencia de la economía moderna, se señala que el mejor equilibrio posible surge cuando el

Estado asume sus tareas de forma concienzuda, incluyendo la distribución de la tierra, la infraestructura, la educación y la protección de cada miembro de la sociedad frente a la injusticia y la opresión. Smith también consideraba que el control de la libertad de contratar y la libertad de competencia eran parte esencial de las responsabilidades del Estado (Lüchinger, 2011, p. 29).

c. Función Reguladora de los Contratos

La contratación y prestación de servicios en Internet puede establecer una conexión estrecha con la jurisdicción del país donde se encuentran los usuarios destinatarios de estos servicios. Esto puede generar el interés de tales países en regular legítimamente ciertos aspectos de las operaciones negociales o actividades ejecutadas en la red.

La operatividad de Internet se basa en la independencia de su funcionamiento y la amplitud territorial de su plataforma, gestionada por comunidades descentralizadas que imponen sus propias reglas. Estas características han provocado que los ordenamientos jurídicos de los Estados sean incapaces de regular adecuadamente los flujos de información transfronterizos propios de Internet.

Estas características han resultado en una regulación limitada de las actividades ejecutadas en la red, a veces en detrimento de derechos fundamentales individuales. Un factor que contribuye a esta limitación es la distancia geográfica entre las partes involucradas en una relación o situación jurídica privada, lo que reduce las posibilidades de garantizar el cumplimiento de la ley y la efectividad de sanciones en caso de infracciones. Además, las instituciones que establecen las pautas de funcionamiento de Internet suelen tomar decisiones no subordinadas a las autoridades estatales, centrándose en aspectos técnicos que tienen una incidencia limitada en el ordenamiento de las actividades desarrolladas en la red.

Es fundamental comprender que, al funcionar en un espacio no presencial y global, el Internet ha configurado una realidad social que requiere la alteración de ciertos paradigmas tradicionales, incluido el Derecho y su aplicación según criterios propios de la era tecnológica. Surgen retos particulares en relación con la protección de derechos fundamentales individuales, la contratación electrónica, la responsabilidad extracontractual por actividades en la red y la protección de derechos inmateriales en plataformas electrónicas. Como punto de partida, es necesario considerar situaciones análogas reguladas fuera del contexto de Internet para configurar un marco regulatorio basado en los ordenamientos jurídicos estatales. En este sentido, serán aplicables los esquemas de protección de los consumidores, propiedad intelectual y condiciones contractuales abusivas, entre otros.

Todos estos asuntos atendidos en las legislaciones estatales son, en principio, aplicables a las actividades desarrolladas en Internet. Sin embargo, se requiere cierta adaptabilidad regulatoria en función de las características del medio electrónico, considerando la desmaterialización de las actividades y su tratamiento probatorio.

De allí surge la necesidad de transformar el Derecho y proporcionarle la dimensión necesaria para incorporar plenamente todas las actividades y circunstancias vinculadas con la operatividad de Internet. La noción de seguridad jurídica es esencial debido al carácter multinacional de las actividades desarrolladas en la red, especialmente ante la necesidad de otorgar certeza a las medidas de control en un Estado por actividades procedentes de otros Estados.

El principio de la autonomía de la voluntad de las partes y el respeto de los derechos fundamentales de los individuos son referencias determinantes para armonizar los criterios reguladores entre los Estados en relación con las actividades realizadas en Internet. La red exige la adaptación de ciertos planteamientos tradicionales en cuanto al ordenamiento jurídico aplicable y la identificación de la jurisdicción estatal competente, lo que requiere una adecuada coordinación internacional para superar cualquier inseguridad jurídica que pudiera surgir. Una variable crítica en el proceso de regulación de Internet es la dirección IP de todo usuario, pues constituye un mecanismo de geolocalización que determina las legislaciones aplicables, las posibles infracciones y la jurisdicción competente.

En principio, la competencia se atribuye generalmente en función del territorio donde se celebran los actos, contratos o se producen los daños. En este sentido, los criterios aplicables según las reglas del Derecho Internacional Privado sirven de referencia para establecer pautas que resuelvan oportunamente las controversias surgidas por las actividades en Internet. Los mecanismos de geolocalización pueden constituirse en instrumentos adecuados para delimitar el alcance territorial de dichas actividades. Por ello, debemos contemplar una perspectiva flexible en relación con los puntos de contacto existentes entre las diferentes jurisdicciones vinculadas a la operatividad de Internet. Así, resulta beneficiosa la progresiva armonización de criterios de Derecho sustantivo y procesal entre las diferentes jurisdicciones donde Internet desarrolla sus actividades. Las estipulaciones contractuales producto de la autonomía de la voluntad de las partes contratantes en la actividad bancaria deben considerarse válidamente como parte de la gestión empresarial.

La aceptación racional del Derecho permite concebir al contrato como un acto con profundo contenido político. Según Kant, los hombres, en medio del antagonismo natural, deciden libremente someterse a la coacción externa, que se traduce en la existencia y los fines del Derecho. Así, el Derecho surge como el "conjunto de condiciones" que hacen posible que "el arbitrio de uno sea compatible con el arbitrio de los demás, según una ley universal de libertad". De esta manera, el Derecho constituye la garantía para el ejercicio de la libertad porque impide que el arbitrio de unos menoscabe el de los demás. El contrato originario, según el racionalismo de Kant, es la coalición de cada voluntad particular y privada dentro de un pueblo para constituir una voluntad comunitaria y pública con el fin de establecer una legislación legítima (Plazas Vega, 2005, pp. 303 y 318).

d. Los Contratos de Adhesión

Raymond Saleilles fue el primero en utilizar la expresión *"contrat d'adhésion"*, caracterizándolo como aquel contrato donde una sola parte predomina, actuando como una voluntad unilateral que impone sus términos a una colectividad indeterminada, esperando la adhesión de quienes acepten dichos términos (Vellespinos, 1984, p. 237).

En los contratos de adhesión, las cláusulas son previamente determinadas por una de las partes, de modo que la otra parte no tiene la posibilidad de modificarlas y, si no desea aceptarlas, debe renunciar a celebrar el contrato.

Al hablar de contratos de adhesión, es importante distinguir dos aspectos relevantes: primero, asegurar que los elementos esenciales del contrato no causen un perjuicio indebido al adherente, ya que de ser así se produciría la invalidez del contrato; segundo, cuando los elementos accidentales del contrato generan perjuicios para el adherente, se verifica la ineficacia de la cláusula o su modificación. Además de estos aspectos, desde un punto de vista práctico, es esencial identificar las características propias de los contratos de adhesión. Estos pueden reconocerse por tres aspectos fundamentales: (i) son contratos impuestos por una de las partes; (ii) existe una imposibilidad manifiesta por parte del adherente, considerado el débil jurídico en la relación contractual, para negociar la totalidad o la mayor parte de las disposiciones contractuales; (iii) esta imposibilidad de negociación resalta la posición dominante de una parte sobre la otra.

La necesidad de generar confianza en los usuarios de Internet ha promovido un mayor flujo de información por parte de los proveedores de bienes y servicios, lo que ha reducido los niveles de asimetría de información entre proveedores y consumidores. Esta reducción ha permitido mantener un mejor equilibrio económico en la ejecución de contratos en plataformas en línea. Estas circunstancias han optimizado la gestión del inventario y la cadena de suministro, reduciendo la inactividad de los bienes de capital y los niveles de riesgo.

Es importante destacar que los términos de contratación en las plataformas en línea tienden a establecer decisiones basadas en datos personales disponibles, el historial de búsquedas, la ubicación geográfica o cualquier información recabada de los consumidores, lo que puede derivar en prácticas de discriminación de precios.

e. La Contratación y el Comercio Electrónico

El comercio electrónico ha transformado la manera en que las empresas y los consumidores interactúan, facilitando operaciones negociales globales con mayor rapidez y eficiencia. En este contexto, los contratos desempeñan un papel crucial para regular las relaciones comerciales y garantizar la seguridad jurídica de las operaciones negociales.

La comercialización de bienes y servicios mediante las plataformas en línea ha sido apoyada inicialmente por la configuración de contratos estándar disponibles en línea. En la medida que dicha comercialización sea totalmente automatizada, los costos marginales de transacción tenderían a cero. Según el teorema de Coase, las partes racionales elaborarán un contrato perfecto cuando los costos de transacción sean nulos[43]. Cuando ello ocurra, el contrato será un instrumento perfecto para el intercambio, puesto que se anticipa cualquier eventualidad, por lo que todos los riesgos se internalizan, toda la información pertinente se comunica, no quedan lagunas que los órganos jurisdiccionales deban subsanar, nadie necesita la protección de la justicia contra el engaño o las cláusulas abusivas. En otras palabras, ante contratos perfectos en los que todos los riesgos habrían sido anticipados, no sería necesario el Derecho, como medio para asegurar el cumplimiento forzoso de las obligaciones asumidas entre las partes contratantes.

La red de Internet permite la confluencia de los más disímiles aspectos de una economía globalizada, donde se producen múltiples relaciones jurídicas que involucran sujetos de diversas nacionalidades y domicilios en diferentes jurisdicciones internacionales, rigiéndose en consecuencia por diversas legislaciones, fueros jurisdiccionales y autoridades administrativas con *autoritas* en diferentes territorios.

La prestación de servicios en la red de Internet tiende en forma general a producirse mediante operadores globales conforme a reglas uniformes y con sometimiento en principio a los órganos jurisdiccionales de un mismo país, todo ello basado en un principio de racionalidad económica de control de riesgos legales y reducción de costos asociados a tales riesgos. Sin embargo, es importante tomar en consideración que la contratación y prestación de servicios en la red de internet puede configurar una conectividad cercana con la jurisdicción del país en el cual los usuarios destinatarios de los servicios se encuentran, pudiendo generar el interés de tales

---

[43] Los costos de transacción son aquellos costos asociados con las transferencias, la captura y la protección de derechos, lo que implica que cuando haya costos de transacción cero, habrá derechos de propiedad completos.

países de pretender regular legítimamente ciertos aspectos de las operaciones negociales o actividades ejecutadas en la red de Internet.

Los contratos de adhesión prevalecen en el comercio electrónico. Según señalé *supra*, estos contratos son elaborados unilateralmente por una de las partes, generalmente el proveedor de bienes o servicios, y son aceptados en su totalidad por la otra parte, el consumidor, sin que haya habido negociación alguna de las cláusulas, las cuales son preestablecidas y no modificables por el consumidor. Así mismo, los contratos electrónicos son acuerdos celebrados y ejecutados mediante medios electrónicos, como correos electrónicos, formularios en línea, o plataformas de comercio electrónico. Estos contratos usualmente especifican cómo se recopilarán, utilizarán y protegerán los datos personales del consumidor; las reglas y condiciones bajo las cuales el consumidor puede utilizar la plataforma de comercio electrónico; las políticas de envío, plazos de entrega y procedimientos para devoluciones y reembolsos; los mecanismos para la resolución de disputas, como arbitraje o mediación, y la jurisdicción aplicable.

La legislación nacional de cada país establece los requisitos y regulaciones para la validez y ejecución de contratos electrónicos. Por ejemplo, en los Estados Unidos de América, la Ley de Firma Electrónica en el Comercio Global y Nacional (ESIGN) y la Ley Uniforme de Operaciones negociales Electrónicas (UETA) proporcionan un marco legal para los contratos electrónicos.

Diversas organizaciones y asociaciones establecen normas y estándares para el comercio electrónico, como el Consorcio *World Wide Web* (W3C) y la Organización Internacional de Normalización (ISO), que promueven prácticas seguras y eficientes en las operaciones negociales electrónicas. Así mismo, la Comisión de las Naciones Unidas para el Derecho Mercantil Internacional (CNUDMI) ha desarrollado la Ley Modelo sobre Comercio Electrónico y la Ley Modelo sobre Firmas Electrónicas, que ofrecen directrices para armonizar las leyes nacionales sobre comercio electrónico.

Es pertinente destacar que la interpretación de los órganos jurisdiccionales sobre la validez y ejecución de los contratos electrónicos también contribuye a definir el marco jurídico del comercio electrónico, pudiendo las decisiones judiciales puntualizar la aplicación de las leyes y regulaciones en casos específicos.

La protección de datos personales y la seguridad de las operaciones negociales son desafíos clave en el comercio electrónico, debiéndose incluir cláusulas debidamente redactadas sobre el manejo y protección de la información del consumidor. Así mismo, es esencial que los términos y condiciones de los contratos sean transparentes y claros para los consumidores. La ambigüedad en las cláusulas puede llevar a disputas y controversias de interpretación legales.

Los contratos en el comercio electrónico deben ser adaptables y flexibles para ajustarse a los rápidos cambios tecnológicos y de mercado. La inclusión de cláusulas escalonadas o *multi-tiered* puede facilitar la resolución de disputas de manera más eficiente.

Los contratos en el comercio electrónico son fundamentales para garantizar la seguridad jurídica y la confianza en las operaciones negociales digitales. La legislación nacional e internacional, junto con las normas y estándares establecidos, proporcionan un marco sólido para la creación y ejecución de estos contratos. Sin embargo, es crucial que los contratos sean claros, transparentes y se adapten a las necesidades cambiantes del entorno digital para asegurar su efectividad y la protección de todas las partes involucradas.

f. Los Contratos Inteligentes

Los contratos inteligentes (*smart contracts*) son programas informáticos autoejecutables que se desarrollan en una cadena de bloques (*blockchain*), donde las condiciones y términos del acuerdo están escritos en código. Estos contratos tienen el potencial de transformar diversas áreas de negocio y derecho, ofreciendo nuevas formas de automatización y eficiencia.

Los contratos inteligentes representan una innovación significativa en la forma en que se gestionan y ejecutan los acuerdos contractuales, ofreciendo beneficios en términos de automatización, eficiencia y transparencia. Sin embargo, su implementación conlleva desafíos jurídicos y negociales que deben ser cuidadosamente considerados. La validez legal, la codificación precisa de los términos, la seguridad y el cumplimiento normativo son aspectos críticos que determinan el éxito y la viabilidad de los contratos inteligentes en el ámbito comercial y legal. Es esencial que las partes involucradas y los desarrolladores trabajen conjuntamente para mitigar los riesgos y maximizar los beneficios potenciales de esta tecnología emergente.

Estos contratos se ejecutan automáticamente cuando se cumplen las condiciones predefinidas, lo que garantiza el cumplimiento sin la intervención humana. Es decir, en el comercio electrónico, un contrato inteligente puede liberar el pago al vendedor cuando el comprador confirma la recepción del producto.

Los contratos inteligentes pueden automatizar procesos comerciales y legales, eliminando la necesidad de intermediarios y reduciendo los costos de transacción. A manera de referencia, estos contratos pueden gestionar pagos automáticos, transferencias de propiedad y verificación de cumplimiento de términos contractuales.

Al estar registrados en una plataforma *blockchain*, los contratos inteligentes son transparentes y accesibles para todas las partes involucradas. Esta característica reduce el riesgo de fraude y aumenta la confianza en el acuerdo.

La precisión en la codificación de los términos contractuales es esencial para evitar malentendidos o errores en la ejecución del contrato. Por ello, los términos deben ser claros y específicos para que el código pueda ejecutarse correctamente.

La validez de los contratos inteligentes depende de la legislación aplicable en cada jurisdicción. Aunque algunos países han reconocido explícitamente los contratos inteligentes en su marco legal (como es el caso en los Estados Unidos de América, donde algunos estados como Arizona y Tennessee han aprobado leyes que reconocen la validez de los contratos inteligentes). En otros países, la falta de claridad regulatoria puede plantear retos importantes.

La ejecución de contratos inteligentes implica el uso de firmas digitales, que deben cumplir con las leyes de firma electrónica de la jurisdicción pertinente. Es crucial que las firmas electrónicas utilizadas en contratos inteligentes sean reconocidas y aceptadas legalmente. Si bien los contratos inteligentes se autoejecutan, pueden surgir disputas sobre su interpretación o sobre eventos externos que impidan su ejecución. En tales casos, los órganos jurisdiccionales deben determinar si las condiciones contractuales y su ejecución automática son legalmente vinculantes.

La capacidad de los contratos inteligentes para interactuar con otros sistemas y contratos es crucial para su efectividad. En consecuencia, los estándares de interoperabilidad deben ser considerados para facilitar la integración con diferentes plataformas y sistemas.

A diferencia de los contratos tradicionales, los contratos inteligentes pueden ser difíciles de modificar una vez desplegados en la *blockchain*, por lo que deben disponer de mecanismos para la actualización y modificación de contratos que permitan su adaptación en función de los cambios en las circunstancias o requisitos legales.

Los contratos inteligentes están sujetos a errores de programación, que pueden provocar ejecuciones incorrectas o vulnerabilidades explotables. Por tal motivo, la realización de auditorías del código es crucial para minimizar este riesgo. Al estar basados en *blockchain*, los contratos inteligentes son susceptibles a ataques cibernéticos. La seguridad de la plataforma *blockchain* subyacente y la implementación segura del contrato inteligente son fundamentales para prevenir fraudes y robos.

Los contratos inteligentes a menudo dependen de referencias informativas para obtener datos externos necesarios para su ejecución (por ejemplo, precios de mercado, condiciones climáticas, etc.). La fiabilidad y precisión de estas referencias informativas son críticas para el correcto funcionamiento del contrato. En virtud de las características de los contratos inteligentes, las regulaciones sobre protección de datos, prevención de legitimación ilícita de capitales o anti-lavado de dinero (AML) y conocimiento del cliente (KYC) deben ser consideradas al implementar contratos inteligentes, con el fin de evitar incumplimientos que conlleven sanciones legales (Tur Faúndez, 2018, pp. 51-63).

Los casos prácticos siguientes ilustran cómo los emprendimientos Fintech pueden utilizar contratos inteligentes como herramienta de autorregulación digital para asegurar la transparencia, seguridad y cumplimiento de los términos en diversos contextos, como préstamos P2P, comercio electrónico, seguros y *crowdfunding*.

Caso Práctico: Autorregulación mediante Contratos Inteligentes en una Plataforma de Préstamos P2P

Empresa: LoanKey

Contexto: LoanKey es una plataforma de préstamos entre pares (P2P) que utiliza contratos inteligentes para facilitar y regular las operaciones negociales entre prestamistas y prestatarios. La empresa busca utilizar estos contratos como una herramienta de autorregulación digital para asegurar la transparencia, la seguridad y el cumplimiento de los términos del préstamo.

Desafío: ¿Cómo puede LoanKey utilizar contratos inteligentes para autorregularse y garantizar el cumplimiento de los términos de los préstamos?

Puntos Clave a Considerar y Medir:

1. **Transparencia:**
    - Implementación de Contratos Inteligentes: Los contratos inteligentes deben codificar claramente todos los términos del préstamo, incluyendo tasas de interés, plazos de pago y penalidades por incumplimiento.
    - Acceso a Información: Todos los participantes deben tener acceso a los términos del contrato en cualquier momento, asegurando transparencia y comprensión.

2. **Seguridad:**
    - Protección de Datos: Los contratos inteligentes deben asegurar que los datos personales y financieros de los usuarios estén encriptados y protegidos contra accesos no autorizados.
    - Resistencia a Manipulaciones: Los contratos deben ser inmutables una vez desplegados, previniendo alteraciones y asegurando la integridad de los términos acordados.

3. **Cumplimiento:**
    - Ejecución Automática: Los contratos inteligentes deben ejecutar automáticamente los términos del préstamo, como transferencias de fondos y cobro de pagos, sin necesidad de intervención manual.
    - Penalidades por Incumplimiento: Los contratos deben incluir cláusulas que definan claramente las consecuencias de incumplimiento, como penalidades o recargos, y ejecutarlas automáticamente.

4. **Flexibilidad:**
    - Actualización de Contratos: Aunque inmutables, los contratos deben permitir la creación de nuevas versiones para reflejar cambios en las condiciones del mercado o en la legislación, garantizando que los nuevos términos se apliquen a futuros contratos.

Resultados Esperados:

- **Mayor Transparencia:** Los usuarios pueden confiar en que todos los términos del préstamo son claros y accesibles.
- **Seguridad Mejorada:** Protección robusta de los datos y prevención de manipulaciones.
- **Cumplimiento Automático:** Reducción de disputas y errores humanos mediante la ejecución automática de términos.
- **Adaptabilidad:** Capacidad de actualizar contratos para reflejar cambios sin comprometer la integridad de los acuerdos existentes.

Caso Práctico: Autorregulación mediante Contratos Inteligentes en un Emprendimiento Fintech de Comercio Electrónico

Empresa: EmpreTech

Contexto: EmpreTech es un emprendimiento Fintech que proporciona una plataforma de comercio electrónico donde vendedores y compradores pueden realizar operaciones negociales utilizando contratos inteligentes para regular el proceso de compra-venta, incluyendo pagos, entregas y devoluciones.

Desafío: ¿Cómo puede EmpreTech utilizar contratos inteligentes para autorregularse y asegurar el cumplimiento de los términos de operaciones negociales comerciales?

Puntos Clave a Considerar y Medir:

1. **Transparencia:**
    - **Términos de Operación negocial:** Los contratos inteligentes deben especificar claramente todos los términos de la operación negocial, incluyendo precio, descripción del producto, condiciones de entrega y políticas de devolución.
    - **Accesibilidad:** Todos los términos deben estar disponibles para ambas partes antes de la finalización de la operación negocial.

2. **Seguridad:**
    - **Protección de Información:** Los contratos deben asegurar que la información personal y financiera de los usuarios esté protegida mediante encriptación.
    - **Integridad de los Contratos:** Los términos del contrato deben ser inmutables y verificables para prevenir fraudes y manipulaciones.

3. **Cumplimiento:**
    - **Ejecución Automática:** Los contratos inteligentes deben automatizar procesos como el pago al vendedor una vez confirmada la entrega, o la devolución de fondos si se cumplen las condiciones de devolución.
    - **Penalidades:** Definir y ejecutar automáticamente penalidades en caso de incumplimiento, como la falta de entrega del producto o el rechazo injustificado de una devolución.

4. **Resolución de Disputas:**
    - **Mecanismos de Arbitraje:** Incluir cláusulas de resolución de disputas que permitan el arbitraje automático o la mediación mediante contratos inteligentes especializados.

Resultados Esperados:

- o **Operaciones negociales Transparentes:** Los usuarios pueden revisar y aceptar los términos claros de la operación negocial.

- o **Seguridad Robusta:** Protección de datos y prevención de manipulaciones.

- o **Cumplimiento Garantizado:** Automatización de términos y condiciones, reduciendo disputas y errores.

- o **Resolución de Disputas Eficiente:** Mecanismos automatizados para resolver disputas rápidamente y de manera justa.

Caso Práctico: Autorregulación mediante Contratos Inteligentes en un Emprendimiento Fintech de Seguros

Empresa: SegTech

Contexto: SegTech es un emprendimiento Fintech que ofrece pólizas de seguro utilizando contratos inteligentes para gestionar los términos del seguro, la presentación de reclamaciones y los pagos.

Desafío: ¿Cómo puede SegTech utilizar contratos inteligentes para autorregularse y asegurar el cumplimiento de las pólizas de seguro?

Puntos Clave Por Considerar y Medir:

1. **Transparencia:**

    - o **Términos de la Póliza:** Los contratos inteligentes deben especificar claramente todos los términos de la póliza, incluyendo coberturas, exclusiones, primas y procedimientos de reclamación.

    - o **Accesibilidad:** Los asegurados deben tener acceso a los términos de la póliza en cualquier momento.

2. **Seguridad:**
   - **Protección de Información:** Los contratos deben asegurar que la información personal y financiera de los asegurados esté encriptada y protegida contra accesos no autorizados.
   - **Integridad de los Contratos:** Los términos de la póliza deben ser inmutables y verificables.
3. **Cumplimiento:**
   - **Ejecución Automática:** Los contratos inteligentes deben automatizar procesos como el cobro de primas, la presentación de reclamaciones y el pago de indemnizaciones.
   - **Penalidades:** Definir y ejecutar automáticamente penalidades por incumplimiento de términos, como retrasos en el pago de primas.

Resolución de Reclamaciones:
   - **Mecanismos de Validación:** Incluir cláusulas para la validación automática de reclamaciones mediante pruebas verificables (por ejemplo, reportes médicos, evaluaciones de daños).

Resultados Esperados:

- **Mayor Transparencia:** Los asegurados tienen claridad sobre los términos de la póliza y los procedimientos de reclamación.
- **Seguridad Mejorada:** Protección robusta de los datos de los asegurados.
- **Cumplimiento Automático:** Reducción de disputas y errores humanos mediante la ejecución automática de términos de la póliza.
- **Resolución Eficiente de Reclamaciones:** Validación y procesamiento rápidos de reclamaciones utilizando contratos inteligentes.

Caso Práctico: Autorregulación mediante Contratos Inteligentes en una Plataforma de *Crowdfunding*

Empresa: TodoFund

Contexto: TodoFund es una plataforma de *crowdfunding* que utiliza contratos inteligentes para gestionar las contribuciones de los donantes, la distribución de fondos y el cumplimiento de los términos del proyecto financiado.

Desafío: ¿Cómo puede TodoFund utilizar contratos inteligentes para autorregularse y asegurar la transparencia y el cumplimiento de los términos del *crowdfunding*?

Puntos Clave Por Considerar y Medir:

1. **Transparencia:**
    - **Términos del Proyecto:** Los contratos inteligentes deben especificar claramente todos los términos del proyecto, incluyendo objetivos de financiación, plazos y uso de los fondos.
    - **Accesibilidad:** Todos los términos deben estar disponibles para los donantes antes de realizar sus contribuciones.

2. **Seguridad:**
    - Protección de Información: Los contratos deben asegurar que la información personal y financiera de los donantes esté protegida mediante encriptación.
    - Integridad de los Contratos: Los términos del contrato deben ser inmutables y verificables para prevenir fraudes y manipulaciones.

3. **Cumplimiento:**
    - Ejecución Automática: Los contratos inteligentes deben automatizar la distribución de fondos a los proyectos financiados una vez alcanzados los objetivos, y devolver los fondos a los donantes si no se alcanzan los objetivos.

o Penalidades: Definir y ejecutar automáticamente penalidades por incumplimiento de términos, como el uso indebido de los fondos.

4. **Auditoría y Seguimiento:**

   o Mecanismos de Auditoría: Incluir cláusulas para la auditoría automática y el seguimiento del uso de los fondos, asegurando que se utilicen conforme a los términos del proyecto.

Resultados Esperados:

- Transparencia en los Proyectos: Los donantes pueden confiar en que todos los términos del proyecto son claros y accesibles.

- Seguridad Mejorada: Protección robusta de los datos y prevención de manipulaciones.

- Cumplimiento Garantizado: Automatización de la distribución y devolución de fondos según los términos del proyecto.

- Auditoría y Seguimiento Eficientes: Mecanismos automatizados para auditar y seguir el uso de los fondos, asegurando su correcta utilización.

---

2. La Tributación Digital

La digitalización ha transformado profundamente la economía global, y una de sus manifestaciones más notables es la aparición de criptoactivos, monedas digitales y *tokens* no fungibles (NFT). Estos activos digitales plantean nuevos desafíos y oportunidades en el ámbito de la tributación. Mientras que la tecnología ofrece potencial para mejorar la eficiencia y la transparencia fiscal, también introduce complejidades significativas en la valoración, regulación y cumplimiento. Es esencial que los marcos regulatorios evolucionen para abordar estos desafíos y que los contribuyentes estén bien informados y preparados para cumplir con sus obligaciones fiscales en el mundo digital. En esta sección se proporciona información básica acerca del relacionamiento de la gestión tributaria y la digitalización, principalmente en lo que concierne a los criptoactivos, las monedas digitales y los NFTs.

a. Criptoactivos y Tributación

Según se indicó *supra*, los criptoactivos son representaciones digitales de valor que se negocian, almacenan o transfieren electrónicamente, utilizando tecnología *blockchain*. Incluyen criptomonedas como Bitcoin y Ethereum, así como *tokens* que pueden representar activos o derechos específicos.

Por lo que concierne a la tributación de los criptoactivos, se debe distinguir principalmente tres situaciones relacionadas con el tratamiento tributario predominantemente aplicable a las ganancias de capital, a los ingresos ordinarios y a la minería de criptomonedas. En tal sentido, la mayoría de las jurisdicciones tratan las ganancias derivadas de la venta o intercambio de criptoactivos como ganancias de capital, sujetas a impuestos. Los contribuyentes deben registrar las operaciones negociales y calcular las ganancias o pérdidas basadas en el valor de mercado de los criptoactivos en el momento de la operación negocial. Si los criptoactivos se reciben como pago por bienes o servicios, se consideran ingresos ordinarios y están sujetos a impuestos sobre la renta. Los ingresos obtenidos de la minería de criptomonedas se consideran ingresos imponibles, y los costos relacionados con la minería pueden ser deducibles como gastos comerciales.

La adopción de herramientas y *software* de seguimiento de criptoactivos puede facilitar la gestión y el reporte de las operaciones negociales, simplificando el proceso de cumplimiento fiscal.

b. Monedas Digitales y Tributación

Según se describió *supra*, las monedas digitales de los bancos centrales (CBDC) son versiones digitales de monedas fiduciarias emitidas por bancos centrales. Aunque aún en fases de desarrollo y prueba en muchos países, las CBDC tienen el potencial de transformar los sistemas de pago y la política monetaria.

En cuanto al tratamiento tributario predominante, es pertinente señalar que éstas reciben un tratamiento fiscal similar al de las monedas fiduciarias por ser consideradas una extensión digital de las monedas fiduciarias o tradicionales. En consecuencia, las operaciones negociales con CBDC estarán sujetas a las mismas normas fiscales que las operaciones negociales en efectivo o electrónicas con moneda fiduciaria. No obstante, la naturaleza digital y rastreable de las CBDC a través de las plataformas *blockchain* podría mejorar la eficiencia en la recaudación de impuestos y reducir la evasión fiscal, proporcionando a las autoridades fiscales una mejor visibilidad de las operaciones objeto de tributación.

c. NFT y Tributación

Los NFT son *tokens* digitales únicos que representan la propiedad de activos digitales o físicos, como obras de arte, música, videos o bienes raíces virtuales. Utilizan la tecnología *blockchain* para garantizar la autenticidad y la propiedad.

La tributación aplicable a los NFT se centra en las ganancias de capital, los impuestos por regalías, así como los impuestos sobre ventas y por valor agregado.

La venta de NFT puede generar ganancias de capital imponibles, por lo que los contribuyentes deben registrar el precio de compra y venta para calcular las ganancias o pérdidas. Por otra parte, si los creadores de NFT reciben regalías por ventas secundarias, estos ingresos también son imponibles. En algunas jurisdicciones, la venta de NFT puede estar sujeta a impuestos sobre las ventas o el valor agregado (IVA), dependiendo de la naturaleza del activo subyacente y las leyes locales.

d. Consideraciones acerca de la Tributación Digital

En términos generales, hay que considerar que la valuación de criptoactivos y NFT puede ser volátil y compleja, lo que dificulta la determinación precisa de las bases imponibles. Las fluctuaciones significativas en el valor pueden complicar el cálculo de ganancias y pérdidas. Así mismo, la falta de marcos regulatorios uniformes a nivel global genera incertidumbre para los contribuyentes y las autoridades fiscales. Las diferencias en la clasificación y tratamiento fiscal de los activos digitales entre jurisdicciones pueden llevar a problemas de doble imposición o evasión fiscal.

El anonimato asociado con muchas operaciones negociales de criptoactivos plantea desafíos para las autoridades fiscales en la detección de ingresos no declarados. Sin embargo, la tecnología *blockchain* también ofrece oportunidades para mejorar la trazabilidad y la transparencia.

Los contribuyentes y los profesionales fiscales necesitan educación y capacitación continua para comprender y cumplir con las obligaciones fiscales relacionadas con los activos digitales. Las autoridades fiscales también deben invertir en capacitación y tecnologías para monitorear y regular eficazmente este sector. Es crucial que los contribuyentes mantengan registros detallados de todas las operaciones negociales de criptoactivos y NFT, incluyendo fechas, valores y contrapartes. La transparencia y el reporte preciso son esenciales para el cumplimiento fiscal. Consultar con profesionales fiscales especializados en activos digitales puede ayudar a los contribuyentes a navegar por las complejidades fiscales y garantizar el cumplimiento de las leyes aplicables (Castro Arango, Perdomo Giorgi (EDS), 2024).

Capítulo VII

LA ADMINISTRACIÓN DE JUSTICIA Y LA DIGITALIZACIÓN

VII. LA ADMINISTRACIÓN DE JUSTICIA Y LA DIGITALIZACIÓN

1. La Pandemia por el COVID-19 y la Digitalización en la Administración de Justicia

Según los criterios establecidos por la Organización Mundial de la Salud (OMS) el 24 de febrero de 2010, una pandemia es la propagación mundial de una enfermedad. La OMS define una pandemia de gripe como la aparición de un nuevo virus gripal que se propaga por el mundo y contra el cual la mayoría de las personas no tiene inmunidad. Por lo general, los virus que han causado pandemias en el pasado provienen de virus gripales que afectan a los animales[44].

La pandemia por el COVID-19 trajo consigo un cambio fundamental en la vida diaria de la humanidad, lo que generó la necesidad de adoptar modalidades innovadoras en múltiples actividades económicas y sociales. El acceso a la justicia es un derecho fundamental y los Estados deben garantizarlo incluso en circunstancias de emergencia y alarma.

Las medidas adoptadas tras la declaración de pandemia obligaron al cierre de oficinas públicas y privadas a gran

---

[44] En fecha 11 de marzo de 2020 la OMS declaró la pandemia global por el coronavirus COVID-19, debido a la amplia propagación del referido virus a nivel mundial. Dicha declaración de la OMS provocó la adopción de una serie de medidas de distanciamiento social tanto en países que ya habían sido afectados por dicho virus como en aquellos que podían ser inminentemente afectados.

escala, y a la implementación de medidas de distanciamiento social, incluida la suspensión total o parcial de los procedimientos judiciales en algunos países. En algunas naciones, el cierre fue total y prolongado, lo que provocó la suspensión de los procesos judiciales existentes y, en consecuencia, la negación del acceso a la justicia. No obstante, se continuaron practicando las actuaciones urgentes para asegurar los derechos de las partes conforme a la ley. En la mayoría de las jurisdicciones, los órganos competentes para dirimir recursos de amparo constitucional, así como los juzgados penales, laborales, de protección de niños y adolescentes, y de violencia contra la mujer, quedaron habilitados para garantizar el acceso a la justicia durante el período de suspensión.

Las medidas para asegurar el acceso a la justicia variaron significativamente según la capacidad de los órganos jurisdiccionales para atender de forma remota los procesos judiciales en curso y los iniciados durante la pandemia.

Aunque la suspensión generalizada de la actividad jurisdiccional buscó preservar la salud pública, su aplicación irrestricta pudo haber hecho ilusorio el acceso a la justicia en una amplia variedad de derechos. En algunos países, a pesar de ciertas declaraciones formales de continuidad, la realidad mostró que muchos juzgados y tribunales cerraron temporalmente y no tenían la capacidad tecnológica para proporcionar acceso remoto. La falta de infraestructura tecnológica y de conectividad a Internet fue determinante para impedir el acceso continuo a la justicia. Además, la ausencia de un plan de gestión adecuado y de una difusión efectiva a la población impidió establecer procesos alternativos para la atención continua de asuntos judiciales. Estas deficiencias institucionales aumentaron la falta de seguridad jurídica y colocaron al Estado de Derecho en una situación de precariedad durante la emergencia del COVID-19, agravando el retraso judicial preexistente.

En otro grupo de países, principalmente desarrollados, se adoptaron planes concretos desde el inicio de la pandemia para mantener operativos los órganos jurisdiccionales mediante el uso de mecanismos remotos o virtuales, lo que permitió el acceso continuo a la justicia. Estos esfuerzos incluyeron la realización de audiencias judiciales por videoconferencia o teleconferencia y la remisión de actuaciones procesales por vía digital. En situaciones que requerían audiencias presenciales, se implementaron procedimientos sustitutivos para proteger la salud de los involucrados. Los órganos jurisdiccionales continuaron recibiendo y procesando trámites y solicitudes judiciales por correo electrónico, fax o en centros remotos de recepción, y las decisiones y sentencias siguieron publicándose.

Los procesos judiciales, ya fueran gestionados ante órganos jurisdiccionales ordinarios o tribunales arbitrales, se adaptaron a los requisitos de innovación y distanciamiento social impuestos por la pandemia. La digitalización de los procesos judiciales y de los métodos alternativos de solución de controversias se configuró como la piedra angular de una estrategia coordinada entre los sectores público y privado para proporcionar acceso efectivo a la justicia.

La pandemia representó una oportunidad para profundizar el uso del arbitraje comercial, la negociación y la mediación como mecanismos alternativos de solución de controversias. Aunque la pandemia no fue una disrupción deseada, impulsó la transformación necesaria en los órganos jurisdiccionales para hacerlos más accesibles, transparentes, eficientes y amigables para los usuarios. Esta situación presentó una oportunidad única para implementar cambios a largo plazo en el sistema de justicia.

A pesar de las medidas alternativas adoptadas para asegurar el acceso a la justicia durante la pandemia, existen múltiples retos y los efectos a largo plazo podrían ser significativos. Por ello, es esencial que los órganos jurisdiccionales dispongan de la infraestructura adecuada, incluyendo el equipamiento necesario para acceder y utilizar eficientemente las tecnologías para la prestación de servicios remotos o digitales.

2. Digitalización y los Órganos Jurisdiccionales

Aunque algunos procedimientos no son apropiados para plataformas remotas, como el testimonio de testigos en juicios penales, muchas audiencias de casos de alto volumen, incluyendo la cobranza de deudas, desalojos y otros casos, son aptas para plataformas virtuales. La opción virtual ha demostrado aumentar la participación, lo que subraya la necesidad de que las partes en los procesos litigiosos tengan igual acceso a la tecnología y a una conexión a Internet[45].

La disponibilidad y el acceso a medios de digitalización a través de Internet requieren una infraestructura adecuada que forme parte de las herramientas de la economía digital de una nación. En otras palabras, la capacidad de digitalización está determinada por el nivel de penetración de Internet como plataforma de conectividad remota en una sociedad, incluyendo los órganos jurisdiccionales y sus usuarios. El nivel de penetración de Internet en las diversas economías es crucial para proporcionar continuidad operativa al sistema jurisdiccional por medios remotos, asegurando así la continuidad de los procesos judiciales iniciados o en trámite. A medida que el nivel de penetración de Internet sea menor, esta variable se convierte en una barrera importante para el acceso a la justicia.

---

[45] https://www.mlive.com/public-interest/2020/06/technology-brought-much-needed-change-to-judicial-system-michigan-supreme-court-chief-justice-tells-congress.html

Las estadísticas más recientes sobre los niveles de penetración de Internet por región indican que el norte de Europa lidera con una penetración del 97.4%, seguido por América del Norte con un 96.9% y Europa occidental con un 94.59%. Mientras que el nivel de penetración de Internet a nivel mundial es del 67.1%, en Sudamérica es del 82.6%, en Centroamérica es del 78.4% y en el Caribe es del 70.2%[46]. Corresponde a cada país establecer una estrategia a mediano y largo plazo para aumentar el acceso a la red digital mediante la creación y mantenimiento de una infraestructura digital adecuada.

La segunda barrera relevante para promover el acceso a la justicia es el costo relativo de los procesos judiciales. Estos costos se concentran principalmente en los honorarios de abogados y las costas procesales en caso de que una parte resulte perdedora en un juicio. El factor tiempo y el consecuente retraso judicial son variables que inciden directamente en los costos de los procesos judiciales. En este sentido, la relación entre la obtención de un laudo arbitral o un acuerdo vinculante en mediación, en el menor tiempo posible y con costos razonables, maximiza la relación costo-beneficio del proceso arbitral y más aún en el caso de la mediación.

El acceso a la justicia, como necesidad de toda sociedad regida por el Estado de Derecho, no puede estar ajeno al proceso de digitalización que predomina hoy en día. El uso de plataformas digitales a través de Internet para promover el acceso a la justicia no se limita a los órganos jurisdiccionales, sino que también se extiende a los centros arbitrales y a las partes involucradas en los procesos de mediación y arbitraje a los que acuerdan someterse.

---

[46] https://www.statista.com/statistics/269329/penetration-rate-of-the-internet-by-region/#statisticContainer

3. Los MARC y la Digitalización de la Justicia

La pandemia por el COVID-19 no solo provocó la paralización de la actividad judicial, aumentando el retraso judicial preexistente y alargando los plazos judiciales, sino también generó una disrupción en la ejecución de contratos civiles y mercantiles debido al cambio de circunstancias provocado por sus efectos. Esto resultó en un incremento significativo de la actividad judicial en la jurisdicción civil y mercantil. Además, las partes en nuevas contrataciones han requerido mecanismos flexibles y eficientes para la rápida resolución de controversias que pudieran surgir durante su ejecución, tanto durante la pandemia como posteriormente.

En este contexto, se vuelve cada vez más importante recurrir a medios alternativos de resolución de controversias (MARC), siendo particularmente oportuno considerar el uso de las llamadas "cláusulas escalonadas". Estas cláusulas, también conocidas como *multi-tiered o multi-step clauses*, establecen un sistema progresivo para la resolución de disputas, que comienza con varios métodos alternativos (como la negociación entre altos ejecutivos, mediación, *dispute boards*, etc.) y culmina en arbitraje si las soluciones iniciales resultan infructuosas. Se ha debatido extensamente si estas cláusulas son auténticos convenios arbitrales. Sin embargo, la tendencia actual sugiere su uso en diversos tipos de contratos, con los principales centros arbitrales promoviendo estas cláusulas.

Las ventajas de las cláusulas escalonadas incluyen la prevención de las potenciales consecuencias negativas de un procedimiento arbitral. Además, buscan alcanzar una solución a través de procesos que eviten deteriorar la relación comercial debido al conflicto y que ahorren tiempo y dinero a las partes.

A pesar de sus ventajas, estas cláusulas pueden ser problemáticas si una de las partes no respeta el procedimiento escalonado o si la redacción de la cláusula es ambigua respecto a los diferentes pasos y su carácter imperativo. El tema principal es el impacto en el arbitraje y el reconocimiento y ejecución del laudo resultante si una parte no sigue el procedimiento previsto. También se debe considerar el impacto de las medidas cautelares solicitadas a un órgano jurisdiccional que obliga a iniciar el arbitraje en un plazo breve o cualquier otra circunstancia procesal que impida respetar el procedimiento escalonado. La inclusión de una cláusula escalonada debe atender a las necesidades de las partes y de la operación negocial, asegurando su efectividad y maximización de beneficios. Por ello, es necesario precisar aspectos como el carácter imperativo de los procedimientos previos al arbitraje (negociación, peritaje, *dispute boards*, etc.), los plazos y los hechos que determinan el fracaso de los pasos previos al arbitraje.

Para proporcionar mayor flexibilidad en la tramitación de soluciones de controversias, se recomienda la inclusión de cláusulas escalonadas en los contratos y la digitalización de dichos servicios, siguiendo criterios mínimos de operatividad que contribuyan a una justicia más inclusiva, transparente, innovadora y oportuna.

La mediación o arbitraje digital o remoto implica la flexibilización de procesos para facilitar la remisión de escritos, la realización de audiencias remotas mediante plataformas aceptables para las partes, el uso de firmas electrónicas para notificaciones procesales, y otros aspectos relativos a la tramitación de procesos arbitrales. Además, la digitalización en mediación y arbitraje reduce costos mediante economías de escala, lo que podría resultar en la adopción de tarifas planas para la tramitación de estos procesos, acorde con sus características.

Al referirse a la digitalización en mediación y arbitraje, se deben considerar los siguientes aspectos:

- Infraestructura digital adecuada:

Las telecomunicaciones y tecnologías de la información se han convertido en el soporte de la economía y en aliados contra la pandemia. Los operadores de redes y proveedores de servicios digitales deben trabajar con los gobiernos y reguladores para que la regulación fomente la inversión en infraestructura digital.

- Acceso amplio a servicios y equipos digitales:

Las partes involucradas en procesos arbitrales deben tener acceso a dispositivos inteligentes (computadoras, tabletas, teléfonos, etc.) para usar homogéneamente las plataformas tecnológicas disponibles en Internet.

- Seguridad digital y confidencialidad:

La encriptación de datos en plataformas digitales es fundamental para asegurar la confidencialidad y la protección de datos personales. Los centros de administración de mediaciones y arbitrajes deben garantizar la seguridad de la data intercambiada entre las partes.

- Flexibilización de reglamentos arbitrales:

Los reglamentos de arbitraje institucional deben otorgar suficiente flexibilidad para garantizar la imparcialidad en el uso de herramientas digitales. La mediación debe ser incluida como etapa previa en los procesos regulados por estos reglamentos.

- Uso de medios electrónicos con firmas certificadas:

La seguridad jurídica requiere que los mensajes digitales sean certificados por una entidad autorizada.

- Conservación de actuaciones digitales:

Es necesario conservar las actuaciones digitales para proporcionar certeza a las partes y terceros sobre lo ocurrido durante la mediación y el proceso arbitral, facilitando cualquier actuación posterior.

La digitalización en mediación y arbitraje, impulsada inicialmente por la necesidad de distanciamiento social, ha ofrecido una oportunidad para resaltar sus ventajas sobre los procesos judiciales tradicionales, especialmente en países sin acceso remoto o digital para procesos judiciales. Es esencial que los centros de mediación, mediadores, árbitros y centros arbitrales consideren estos requisitos mínimos para promover la mediación y el arbitraje como una alternativa efectiva para resolver controversias contractuales.

CONCLUSIONES Y RECOMENDACIONES

Ante la creciente digitalización de la economía, las interrogantes que surgen van dirigidas a determinar ¿si es indispensable la participación de instituciones centralizadoras formales para eliminar factores de incertidumbre que surgen como consecuencia de la interacción de los individuos en la economía? o ¿si cabría la posibilidad cierta de establecer alternativas descentralizadas no formales para atender las necesidades de certeza que el ser humano requiere para la ejecución de actos vinculantes?

La progresiva transición hacia la economía digital hace más inminente la necesidad de atender estas interrogantes en términos prácticos, con el fin de determinar un marco institucional idóneo para el funcionamiento de las operaciones negociales que los individuos, las empresas y el Estado celebren y que resulten en negocios jurídicos con ejecución válida, ya sea voluntariamente o de manera forzosa.

La evolución de la regulación en la economía digital es fundamental para garantizar que las tecnologías emergentes se desarrollen y utilicen de manera que beneficien a la sociedad. Al mirar hacia el futuro, es crucial que los marcos regulatorios sean adaptativos y resilientes, fomentando la innovación mientras protegen los derechos de los consumidores y la integridad del mercado.

La cooperación internacional, la capacitación continua de los reguladores y la adopción de mejores prácticas globales serán clave para enfrentar los desafíos y aprovechar las oportunidades que trae la economía digital.

Con base en lo anterior, asumo el reto de elaborar ciertas reflexiones a modo de conclusión para este estudio, tomando en consideración las múltiples y complejas aristas que se desprenden de combinar los tres aspectos principales objeto de discusión y análisis presentados en este estudio, a saber: (i) la regulación; (ii) la actividad empresarial; y (iii) la digitalización.

Dado que se trata de temas que están en permanente evolución y requieren atención y seguimiento permanente, me he permitido formular ciertas recomendaciones con el propósito de incentivar el interés del lector en profundizar su entendimiento y expandir su perspectiva acerca de los diferentes asuntos discutidos y analizados en este estudio, entre otros relevantes.

La digitalización de la economía se encuentra en una fase relativamente incipiente con la incorporación de la Inteligencia Artificial. De todos es el deber de aprender y adaptarnos a la revolución que ésta generará no solo en la actividad empresarial, sino también en nuestra interacción cotidiana con los demás integrantes de la sociedad.

Será todo un reto para la especie humana y por ello debemos estar debidamente preparados para asegurar que la inteligencia humana y la Inteligencia Artificial se combinen efectiva y éticamente para hacer más eficientes los procesos que requieran de su intervención.

Estas conclusiones y recomendaciones no solo resumen los hallazgos clave del estudio, sino que también proporcionan un enfoque práctico y proactivo para abordar los desafíos de la economía digital. Al promover la colaboración, la innovación y la adaptación continua, el lector puede obtener una perspectiva integral y aplicable que les permita navegar con éxito en el dinámico mundo de los negocios digitales y su entorno regulatorio.

1. Conclusiones

A continuación, presento las conclusiones que se desprenden de este estudio acerca de las múltiples maneras que las tendencias regulatorias pueden impactar la operatoria de los emprendimientos empresariales en una era caracterizada por la innovación digital, a saber:

A. La economía digital está en constante evolución debido a la integración de tecnologías emergentes como el *blockchain*, la Inteligencia Artificial y el Internet de las cosas. Las regulaciones tradicionales a menudo no están preparadas para abordar los rápidos cambios tecnológicos, lo que requiere una constante revisión y actualización. Los instrumentos digitales, las innovaciones tecnologías y sus operatorias si bien facilitan nuevas formas de negocios, también requieren marcos regulatorios flexibles, adaptativos y dinámicos.

B. La economía digital está formada por un ecosistema complejo en el que la interacción entre empresas, consumidores y reguladores es crucial. La falta de armonización regulatoria entre distintas jurisdicciones puede crear barreras para la innovación y el comercio transfronterizo.

C. La regulación en la economía digital varía significativamente entre regiones, lo que representa un desafío para las empresas que operan a nivel global. La protección de datos, la ciberseguridad y la regulación de grandes tecnológicas son áreas críticas que necesitan atención continua y actualizada.

D. La economía digital presenta desafíos regulatorios globales significativos, especialmente en áreas como la protección de datos, la ciberseguridad y la regulación de las grandes tecnológicas (*Big Tech*). Los enfoques divergentes entre regiones complican el cumplimiento normativo para las empresas que operan a nivel internacional.

E. Los distintos mercados (B2C, B2B, gubernamental, etc.) y modelos de negocio digitales presentan retos y oportunidades únicas. La expansión internacional y la transformación digital son caminos clave para el crecimiento empresarial en la era digital.

F. Los gerentes y asesores de emprendimientos emergentes tienen ante sí retos importantes en el desarrollo de sus iniciativas innovadoras empresariales, por lo tanto, deben estar atentos a los cambios de las circunstancias regulatorias que puedan suscitarse en el desempeño de sus funciones.

G. Los emprendimientos Fintech son un motor de innovación en el sector financiero, pero están sometidos a una intensa presión regulatoria. Por lo tanto, es esencial que las normativas sean claras, coherentes y favorezcan tanto la innovación como la protección del consumidor.

H. La implementación de los *sandboxes* regulatorios facilitan la adopción de esquemas de regulación flexible en función de las características innovadoras particulares de los emprendimientos empresariales. Sin embargo, su utilización debe evitar la generación de situaciones injustificadas de arbitraje regulatorio.

I. La autorregulación juega un papel importante en la economía digital. Las empresas que adoptan políticas internas robustas en áreas como la protección de datos y la ciberseguridad pueden ganar una ventaja competitiva y construir una mayor confianza con los consumidores.

J. Los Estados deben actuar de forma responsable, no solo al determinar el alcance y los efectos de las medidas regulatorias propuestas, sino también al indemnizar proporcionalmente por los daños y las situaciones de riesgo que le sean imputables por su implementación.

2. Recomendaciones

A continuación, presento las recomendaciones por considerar acerca de las múltiples maneras que las tendencias regulatorias pueden impactar la operatoria de los emprendimientos empresariales en una era caracterizada por la innovación digital, a saber:

A. Es necesario fomentar la colaboración público-privada entre reguladores, empresas y otras partes interesadas para desarrollar marcos regulatorios que sean flexibles y adaptativos, permitiendo la innovación sin comprometer la seguridad y la equidad.

B. Es imprescindible invertir en la capacitación digital de la fuerza laboral para asegurar que las empresas puedan aprovechar al máximo las nuevas tecnologías y enfrentar los desafíos de la economía digital.

C. Se debe ampliar el uso de las plataformas *Blockchain* e intensificar el uso de contratos inteligentes para mejorar la transparencia y la eficiencia en las operaciones negociales digitales. Estos contratos pueden automatizar procesos y reducir los riesgos asociados con los contratos tradicionales.

D. Las empresas deben establecer políticas internas de autorregulación, especialmente en áreas como la protección de datos y la ciberseguridad, para complementar las normativas estatales y generar confianza entre los consumidores.

E. Los reguladores deben adoptar un enfoque proactivo e innovador, utilizando tecnologías como la inteligencia artificial para monitorear y aplicar normativas de manera más eficiente. Esto incluye la implementación de revisiones periódicas y consultas con el sector privado para ajustar las regulaciones, según sea necesario.

F. Es imprescindible dirigir esfuerzos hacia la armonización de las regulaciones a nivel internacional para facilitar el comercio y la innovación transfronteriza. Iniciativas de cooperación internacional pueden ayudar a crear estándares comunes en áreas clave como la protección de datos y la ciberseguridad, entre otros aspectos clave.

G. Es importante que las políticas públicas de regulación empresarial y económica se configuren con el apoyo de modelos de evaluación continua para medir la eficiencia y efectividad de las regulaciones.

H. El Modelo PRINCE 2.0, descrito en el Apéndice 1, puede ser una herramienta útil para esta evaluación, asegurando que las políticas públicas se ajusten a las realidades cambiantes del mercado.

I. Los gobiernos y las instituciones financieras deben ofrecer apoyo específico tanto a los emprendimientos emergentes como a los emprendimientos Fintech, proporcionando un entorno regulatorio favorable y acceso a financiamiento, para impulsar la innovación en sus actividades y mercados de influencia.

J. Es necesario desarrollar políticas de tributación digital que sean justas y equitativas, considerando las particularidades de los criptoactivos, monedas digitales y NFT, para evitar la evasión fiscal y garantizar que todas las empresas contribuyan adecuadamente a la economía.

K. Será de importancia crítica adoptar tecnologías avanzadas, como la Inteligencia Artificial y el *blockchain*, para mejorar la eficiencia y efectividad de los procesos regulatorios. El uso ético de estas tecnologías puede ayudar a los gerentes y asesores de emprendimientos empresariales en el desarrollo innovador de sus propuestas de negocio en favor de los consumidores, así como a los reguladores a monitorear y aplicar las normativas de manera más precisa y en tiempo real.

REFERENCIAS BIBLIOGRÁFICAS Y FUENTES CONSULTADAS

1. Referencias Bibliográficas

AARONS P., Fred. ¿Por qué la actividad bancaria no debe ser un servicio público? Visión comparada de las causas y repercusiones por el papel del Estado en la actividad bancaria en *Revista Venezolana de Derecho Mercantil*. Tomo E.1. Caracas, Venezuela. 2021.

_____. Regulación del Internet y el Derecho a la Protección de datos Personales en el Ámbito internacional. *Libro homenaje al Profesor Eugenio Hernández-Breton*. Academia de Ciencias Políticas y Sociales de Venezuela. Caracas, Venezuela. 2019.

_____. *Consideraciones del Derecho para el Crecimiento Económico. Experiencias del control cambiario en Venezuela*. Academia de Ciencias Políticas y Sociales, Caracas, 2017.

ACKERMAN, Andrew. Fed Prepares to Launch Review of Possible Central Bank Digital Currency, *Wall Street Journal*, October 4, 2021.

AGRAWAL, A., GANS, J., & Goldfarb, A. (Eds.). (2019). *The Economics of Artificial Intelligence: An Agenda*. University of Chicago Press.

AGUILAR VALDEZ, Oscar R. *Riesgo regulatorio y responsabilidad del Estado en Anuario Iberoamericano de Regulación. Hacia una regulación inteligente. ASIER* – Universidad Externado de Colombia. 2019.

_____. *Competencia y regulación – Lineamientos para una introducción jurídica a su estudio*, AA.VV., en *Servicio Público, Policía y Fomento*. Ed. Ciencias de la Administración, Buenos Aires, 2004.

ANDOLFATTO, David. Some Thoughts on Central Bank Digital Currency. *Cato Journal*, Vol. 41, No. 2 (Spring/Summer 2021).

ANODIO, Emanuele. Stupor Mundi, Federico II de Suabia y el Estado en sus múltiples nacimientos en *Sobre los orígenes y actualidad del Estado*. Fundación Manuel García – Pelayo, 2009.

BALDWIN, R., CAVE, M., LODGE, M. *Understanding Regulation: Theory, Strategy, and Practice*. NY, Oxford University Press, 2012.

BETANCOR, Andrés. *REGULACIÓN: MITO Y DERECHO. Desmontando el mito para controlar la intervención de los reguladores económico*. Thomson Reuters. 2010.

BETANCOR, Andrés. *MEJORAR LA REGULACIÓN. Una Guía de razones y de Medios*. Marcial Pons. España, 2009.

BETTI, Emilio. Teoría General del Negocio Jurídico, traducción A. Martin Pérez, Madrid, *Revista de Derecho Privado*, 1959.

BLACK, J. *Rules and Regulators*. Oxford. Oxford University Press. 1997.

BREMMER, Ian. *The Strongman Era. How tough guys came to rule the world*. Time, New York, May 14, 2018.

Bourdieu, P., Teubner, G. *La fuerza del Derecho*. Siglo del Hombre Editores/Facultad de Derecho de la Universidad de los Andes. Ediciones Uniandes. Instituto Pensar, Santafé de Bogotá. 2000. Pp. 105, 106.

Camus E.F. *Curso de derecho romano. historia y fuentes del derecho romano I*. Universidad de la Habana, 1946 tercera edición.

Cifuentes, Santos. *Negocio Jurídico* 2da. Edición. Astrea, Argentina. 2004.

Compagnucci de Caso, Rubén. *El negocio jurídico*. Astrea. Argentina, 1992.

Cassagne, Juan Carlos. *Reflexiones sobre los factores de atribución en la responsabilidad del Estado por la actividad de la Administración*. 2009.

Castañé, Juan Carlos: *Derecho Administrativo Tomo dos*. Lexis Nexus, Buenos Aires, 2002.

Castro Arango, Perdomo Giorgi (EDS). *Tributación en la era digital*. Universidad Externado de Colombia, 2024.

Coase, R. H. The Problem of Social Cost. *Journal of Law and Economics*, 3, 1-43.

Córdova, Arnaldo. *Sociedad y Estado en el mundo moderno*. Grijalbo, México, 1976.

Coyle, Diane. *Markets, State, and People: Economics for Public Policy*. Princeton University Press, 2020.

Darnaculleta Gardella, M. Mercé. La autorregulación y sus fórmulas como instrumentos de regulación. *Derecho de la Regulación. I. Fundamentos e Instituciones de la Regulación*. Iustel y Fundación Instituto Universitario de Investigación José Ortega y Gasset. p. 636.

FERNÁNDEZ GÓMEZ, Lorenzo. *Técnica Jurídica: El encuentro con la cibernética en Revista de la Facultad de Derecho*. Universidad Católica Andrés Bello año electivo 1981-1982 número 32. Caracas, Venezuela.

GARCÍA MÁYNEZ, Eduardo. *Ensayos Filosóficos Jurídicos*. Universidad Veracruzana, 1959.

GHERSI, Carlos Alberto. *Contratos civiles y comerciales. Partes general y especial*. Tomo 1. ASTREA, Buenos Aires. 2002.

GURREA MARTÍNEZ, Aurelio, Remolina, Nydia. Aproximación regulatoria y conceptual a la innovación financiera y a la industria Fintech. *Fintech, regtech y legaltech: momentos y desafíos regulatorios*. Tirant lo blanch, Valencia, España, 2020.

HAMEL J. et LAGARDE, G. *Traité de droit commercial*, Paris, 1954.

HINESTROSA, Fernando. *Tratado de las Obligaciones II. De las fuentes de las obligaciones: El negocio jurídico Volumen I*. Universidad Externado de Colombia. 2015.

KIFF, John et al. A Survey of Research on Retail Central Bank Digital Currency, *IMF Working Paper* no. 2020/104, June 26, 2020

KISSINGER, Henry A et al. *The Age of AI and Our Human Future*. Back Bay Books. 2023.

KOTLER, P., & KELLER, K. L. *Marketing Management (15th ed.)*. Pearson. (2016).

LAGUNA DE PAZ, Juan Carlos. La regulación económica: sentido, fallos y alternativas *en Revista de Derecho Administrativo, No. 115,* Enero-Abril de 2018, Thomson Reuters, Buenos Aires, 2018.

LE FUR, L. *Les Grandes Problèmes du droit,* Paris, 1937.

LÜCHINGER, René. *Los 12 Economistas Más Importantes De La Historia: De Adam Smith A Joseph Stiglitz*, 2011.

MARTÍNEZ PAZ (h), E. La naturaleza del Estado y el problema de su despersocialización. *Revista Jurídica de Córdoba*, 1947, número 1, p. 8

MAYNITZ, R. Nuevos desafíos de la Teoría de la Governance. *Instituciones y Desarrollo*. Número 7, 2000.

MEIER, Eduardo. Estado e Ideología (Individualismo, Personalismo y Transpersonalismo) en *Revista de la Facultad de Derecho*. Universidad Católica Andrés Bello, año electivo 1979-1980, número 27. Caracas, Venezuela.

MESSINEO, Francesco: *Manual de Derecho Civil y Comercial, Tomo IV*. Ediciones Jurídicas Europa-América. Buenos Aires. 1979.

MUÑOZ MACHADO, Santiago. Fundamentos e instrumentos jurídicos de la regulación económica, en: S. Muñoz Machado (ed.), *Derecho de la Regulación Económica*, Madrid, Fundación Instituto Universitario de Investigación José Ortega y Gasset, IUSTEL, 2010, Vol. I (Fundamentos e instituciones de la regulación), p. 18.

NICHOLAS, Anthony; NORBERT, Michel. *Central Bank Digital Currency Assessing the Risks and Dispelling the Myths* Cato Policy Analysis. April 14, 2023, Number 941. Central Bank Digital Currency: Assessing the Risks and Dispelling the Myths (cato.org)

PEÑA SOLÍS, José. *Manual de Derecho Administrativo*. Universidad Central de Venezuela, Caracas. 2002.

PERLOFF, J. M. *Microeconomics* (8th ed.). Pearson. 2017.

PHELPS S., Edmund. Las Primeras Cosas. En *Tratado de Derecho y Economía*. Tomo I. Juan Vicente Sola, Director. La Ley. Argentina. 2013.

PIOGET, M. Rapport sur l'influence du droit public sur le droit privé en Suisse en *Travaux de l'Association Henri Capitant pour la culture juridique française*. Association Henri Capitant pour la culture juridique française, Paris, 1946 t. II.

PLAZAS VEGA, Mauricio. El Pensamiento Jurídico de Immanuel Kant, en Herrera, Wilson y De Gamboa, Camila, Editores *Kant: Defensa y Límites de la Razón*. Universidad del Rosario, Bogotá, Colombia. 2005.

PORTER, T. y RONIT, K. Self-regulation as policy process: The multiple and crisscrossing stages of private rule making. *Policy Sciences*. Núm. 39. 2006.

PROSSER, T. *The Regulatory Enterprise: Government, Regulation and Legitimacy*. New York, Oxford University Press, 2010.

RECASÉNS SICHES, L. *Vida humana, sociedad y derecho*, México, 1945, p. 525.

RODRÍGUEZ BAJÓN, Santiago. El concepto de riesgo regulatorio en *Revista de Administración Pública* No. 188, Mayo – Agosto 2012, Madrid.

ROONEY, Kate. Your Guide to Cryptocurrency Regulations Around the World and Where They are Headed. 2018. https://www.cnbc.com/2018/03/27/a-complete-guide-to-cyprocurrency-regulations-around-the-world.html

SELZNICK, P. Focusing Organizational Research on Regulation. En Nell, R.G. (Ed.), *Regulatory Policy and the Social Sciences* (pp. 363-368). Berkeley, CA, University of California Press.

SMITH, Adam. *Indagación acerca de la naturaleza y las causas de la riqueza de las naciones*. Aguilar. Madrid. 1961.

STIGLER, G. The Theory of Economic Regulation. *Bell Journal of Economics and Management Science*, 2(1), 3-21. https://doi.org/10.2307/ 3003160

SWEGLE, Paul A. *Startup and Fundraising for Entrepreneurs and Startup Advisors*, 2020. First Edition.

Travaux de l'Association Henry Capitant pour la Culture Juridique Française, Paris, T. 1, pp. 118-232; T 2 pp. 181-248; T. 3, pp. 45-233.

TUR FAÚNDEZ, Carlos. *SMART CONTRACTS Análisis Jurídico.* Reus Editorial, Madrid, 2018.

VELLESPINOS, Carlos Gustavo. *El Contrato por Adhesión a Condiciones Generales.* Editorial Universidad. Buenos Aires. 1984.

ZAINUDDIN, Aziz. *Complete Guide to Cryptocurrency analysis.* https://masterthecryto.com/wp-content/uploads/2017/07/complete-Guide-to-Cryptocurrency-analysis-4.pdf

2. Fuentes Consultadas

<u>AI principles | OECD</u>

Acuerdo de París. Convención Marco de las Naciones Unidas sobre el Cambio Climático

(CMNUCC). URL: AcuerdodeParís

Apple Hit by First Charges Under New European Tech Law. THE WALL STREET

JOURNAL. URL: Apple Hit by First Charges Under New European Tech Law

Banco Interamericano de Desarrollo (BID): La Economía Digital en América Latina y el Caribe. BID. URL: InformedelBID

Claves de la economía digital. Actividades Económicas. URL: Claves de la economía digital

Creación de la Corporación de Internet para la Asignación de Nombres y Números (ICAN) en 1998.

Consorcio *World Wide Web* (W3C). Web Accessibility Initiative. URL: https://www.w3.org/WAI/standards-guidelines/es

Cryptocurrency Explained With Pros and Cons for Investment. Investopedia. URL: Cryptocurrency Explained With Pros and Cons for Investment

Digital Services Act. Wikipedia. URL: Digital Services Act -Wikipedia Directiva de Comercio Electrónico (2000) en la Unión Europea. Directiva sobre la Seguridad de las Redes y de la Información (NIS). Agencia de la Unión Europea para la Seguridad de las Redes y de la Información (ENISA). URL: Directiva (UE)2016/1148

Documentos de la Comisión Europea sobre Ciberseguridad. Comisión Europea. URL: Ciberseguridad enlaUE

Empresas con crecimiento e innovación: Una vista desde la cima. McKinsey & Company: The Future of Work in Technology. URL: Empresas con crecimiento e innovación: Una vista desde la cima | McKinsey

Estrategia Nacional de Ciberseguridad de México. Secretaría de Seguridad y Protección Ciudadana de México. URL: EstrategiaNacionadeCiberseguridad

Financial Technology (Fintech): Its Uses and Impact on Our Lives. Investopedia. URL: Financial Technology (Fintech): Its Uses and Impact on Our Lives

FINANCIAL TECHNOLOGY: Additional Steps by Regulators Could Better ProtectConsumers and Aid Regulatory Oversight. United States Government Accountability

Office. URL: https://www.gao.gov/assets/gao-18-254.pdf

Gartner: Top Strategic Technology Trends. Gartner, Inc. URL: GartnerTechnologyTrends

Harvard Business Review: Ethics of Artificial Intelligence. Harvard Business Review. URL: Ethics of Artificial Intelligence

Informe de la OCDE sobre la Inteligencia Artificial en el Trabajo. Organización para la Cooperación y el Desarrollo Económicos (OCDE). URL: InformedelaOCDEsobreIA https://www.ig.com/es/invertir-en-criptomonedas/que-son-las-criptomonedas

La Directiva de Protección de Datos de la UE (1995).

La Directiva NIS2 en la UE (2022).

La Ley de Mercados de Criptoactivos (MiCA) en la Unión Europea.

La Ley Patriota en Estados Unidos post-11S y las políticas de censura en países como China.

Las 5 etapas de una startup, explicadas con detalle. ABANCA. URL: Las 5 etapas de una startup, explicadas con detalle - ABANCA innova

Ley de Decencia en las Comunicaciones (1996) en los Estados Unidos de América.

Ley Modelo de la CNUDMI sobre Comercio Electrónico Guía para su incorporación al derecho interno con la 1996. CNUDMI. URL: https://uncitral.un.org/sites/uncitral.un.org/files/media-documents/uncitral/es/05-89453_s_ebook.pdf

Ley Modelo de la CNUDMI sobre Firmas Electrónicas con la Guía para su incorporación al derecho interno 2001. CNUDMI. URL: https://uncitral.un.org/sites/uncitral.un.org/files/media-documents/uncitral/es/ml-elecsig-s.pdf

Ley de Privacidad del Consumidor de California (CCPA). Legislatura del Estado de California. URL: CCPA

Ley de Protección de la Privacidad Infantil en Línea (COPPA) en Estados Unidos (1998).

Ley General de Protección de Datos (LGPD). Gobierno de Brasil. URL: LGPD

McKinsey & Company: The Future of Work in Technology. McKinsey & Company. URL: TheFutureofWorkin Technology

Non compete clause. Registro Federal de los Estados Unidos. URL: Federal Register: Non-Compete Clause Rule

Propuesta de Reglamento de Inteligencia Artificial de la Unión Europea. Comisión Europea. URL: PropuestadeReglamento deIA

Publicaciones del Centro para la Innovación de la Gobernanza Internacional (CIGI) sobre Blockchain. CIGI. URL: CIGIBlockchainPublications

Recommendation of the Council of the OECD on improving the Quality of Government Regulation, 9 de marzo de 1995 y OECD Guiding Principles for Regulatory Quality and Performance, abril 2005.

Reglamento General de Protección de Datos (GDPR). Parlamento Europeo y el Consejo de la Unión Europea. URL: Reglamento(UE)2016/679

Rule banning noncompetes. Registro Federal de los Estados Unidos. URL: Noncompete Rule(ftc.gov)

The Theory of Economic Regulation. Bell Journal of Economics and Management Science, 2(1), 3-21. Stigler, G. URL: https://doi.org/10.2307/30033160.

Uniform Electronic Transactions Act de los Estados Unidos de América. National Conference of Commissioners on Uniform State Laws. URL: https://www.scielo.org.mx/scielo.php?script=sci_arttext&pid=S0041-8633200700 02000 07

Technology brought 'much-needed change' to judicial system; Michigan Supreme Court chief justice tells Congress. Michigan Live. URL: https://www.mlive.com/public-interest/2020/06/technology-brought-much-needed-change -to-judicial-system-michigan-supreme-court-chief-justice-tells-congress.html

World Economic Forum: The Global Risks Report. Foro Económico Mundial. URL:

TheGlobalRisksReport

Apéndice 1 - Modelo de Medición de Regulación Eficiente

Con la configuración de un modelo de medición de regulación eficiente se busca proporcionar una herramienta perfectible en el tiempo para promover políticas públicas de efectos positivos, o en su defecto, precaver fallas reiteradas en la configuración de disposiciones jurídicas que han provocado desaciertos previsibles en su implementación, con el consecuente resultado adverso para la población, siendo ésta la que resulta afectada por la adopción de políticas públicas desacertadas y contraproducentes.

Con el fin de proporcionar una herramienta eficiente de medición para el tema que nos ocupa, se describe a continuación los detalles relativos a los diversos criterios incluidos en las seis (6) variables de medición que dispone el llamado Modelo PRINCE 2.0. Como indicamos previamente, la ponderación resultante de la acumulación de los resultados que podrían obtenerse en relación con cada criterio aplicable permitirá determinar si la norma en cuestión objeto de análisis tendría una incidencia, positiva o negativa, en relación con la variable correspondiente. Dado que se trata de seis (6) variables distintas, la sumatoria en la puntuación positiva o negativa resultante de todas las variables determinará de manera ponderada la posibilidad de que una norma en particular tenga incidencia positiva o negativa en el crecimiento económico de una nación.

La medición del Modelo PRINCE 2.0 puede ser ejecutada previa a la implementación de la norma en cuestión, o durante la misma, configurándose en una herramienta no sólo de diagnóstico sino de ajuste en relación con diferentes aspectos normativos que pudieran requerir modificaciones específicas o generales en función de los resultados de medición de las variables del Modelo PRINCE 2.0. De tal manera, la medición *"ex-ante"* es decir, previa a su implementación, pretende constituirse como una herramienta de apoyo a la gestión de los legisladores o de instancias administrativas responsables de preparar distintos tipos de normativas relacionadas con la actividad monetaria, financiera, económica de un país. Por otra parte, la medición *"ex-post"*, es decir, aplicada con posterioridad a su aprobación o durante su implementación, busca establecer pautas que faciliten determinar si la norma objeto de análisis presenta deficiencias comprobadas que ameriten su modificación, tomando en consideración parámetros específicos que permitan verificar incidencias positivas o negativas, según fuere el caso.

1. Variables institucionales

Las variables institucionales del Modelo PRINCE 2.0 incluyen la medición de por lo menos cuatro (4) criterios verificadores, a saber:

A. El respeto a la institucionalidad jurídica, entendiéndose como tal el respeto al orden de prevalencia de normas establecidas según la llamada *"Pirámide jurídica de Kelsen"*, como elemento inicial determinante del Estado de Derecho, según el cual la referida norma haya podido ser dictada. Este criterio en particular pretende verificar si la norma en cuestión es concordante con los principios normativos disponibles en el ordenamiento jurídico de que se trate, según el tipo de norma objeto de estudio y de su jerarquía en dicho ordenamiento jurídico.

B. La separación de poderes políticos, como elemento determinante para asegurar la existencia de los contrapesos institucionales necesarios que permitan asegurar la preservación de los principios constitucionales y legales que deben prevalecer en una sociedad democrática.

C. Los Antecedentes del Estado en relación con la posible ejecución legal objetiva de la normativa objeto de análisis, asegurando que la referida normativa no sea objeto de interpretaciones subjetivas alejadas de su espíritu y propósito. Se hace referencia a los antecedentes del Estado en relación con normas anteriores, para determinar la posibilidad o no de un tratamiento sistemático por parte del Estado en relación con asuntos de orden institucional y su implementación en tiempo pasado como herramienta de predicción en lo que concierne a normas de aplicación futura. En otras palabras, se aplica el principio de que *"comportamientos ocurridos en el pasado, permiten predecir con cierto grado de certeza comportamientos futuros"*.

D. La disponibilidad de mecanismos de evaluación efectiva de los resultados obtenidos por la aplicación de las normas. Estos mecanismos de evaluación deben ser promovidos por el Estado como facilitador de políticas de transparencia institucional.

2. Variables de políticas públicas

Las variables de políticas públicas del Modelo PRINCE 2.0 incluyen la medición de por lo menos cinco (5) criterios verificadores, a saber:

A. La existencia o no de contradicciones entre políticas públicas aplicadas con normas que tengan vinculación con la norma objeto de análisis.

B. Las posibilidades de ejecución en el mediano plazo de la norma objeto de análisis.

C. La disponibilidad de mecanismos transparentes para su ejecución.

D. Si se trata de la sustitución de normas precedentes o el *"llenado"* de un vacío por inexistencia de normas precedentes.

E. La disponibilidad para la ciudadanía de información adecuada en cuanto a las normas y su alcance, tomándose en consideración si la norma objeto de análisis ha sido sometida a un proceso efectivo de consulta entre la población objetivo.

3. **Variables económicas**

Las variables económicas del Modelo PRINCE 2.0 incluyen la medición de por lo menos cinco (5) criterios verificadores, a saber:

A. La probabilidad de que la norma objeto de análisis pueda contribuir con el cumplimiento de metas macroeconómicas.

B. El nivel de certidumbre que genera la aplicación de la norma a nivel macroeconómico.

C. La disponibilidad de los instrumentos o las herramientas necesarias para aplicar la norma objeto de análisis.

D. La incidencia en el nivel de comercio y la inversión extranjera como incentivos para innovar, imitar y utilizar nuevas tecnologías.

E. El impacto que tendría la aplicación de la norma en el poder adquisitivo de la población en general.

4. Variables sociales

Las variables sociales del Modelo PRINCE 2.0 incluyen la medición de por lo menos cuatro (4) criterios verificadores, a saber:

A. La contribución de la norma objeto de análisis a la estabilidad de las economías domésticas.

B. La contribución de la norma objeto de análisis al bienestar común efectivo de la población en general.

C. Los efectos especiales de la norma objeto de análisis para algún sector social de la población.

D. El nivel de rechazo o aceptación de la norma objeto de análisis entre la población.

5. Variables éticas

Las variables éticas del Modelo PRINCE 2.0 incluyen la medición de por lo menos tres (3) criterios verificadores, a saber:

A. La incidencia de la norma objeto de análisis para contrarrestar el nivel de corrupción prevaleciente en la sociedad.

B. La posibilidad de evitar la aplicación de mecanismos alternos informales en lugar de los principios de la norma objeto de análisis.

C. La contribución de la norma objeto de análisis en la simplificación de los trámites burocráticos existentes.

6. Variables de innovación tecnológica

Las variables de innovación tecnológica del Modelo PRINCE 2.0 incluyen la medición de por lo menos cuatro (4) criterios verificadores, a saber:

A. Impacto potencial en la adopción de tecnologías emergentes: Evaluación del grado en que la norma puede promover la adopción y el desarrollo de tecnologías innovadoras.

B. Impulso a la competitividad a través de la innovación: Medición de cómo la norma puede fomentar la competitividad de las empresas mediante la introducción de tecnología y procesos innovadores.

C. Adaptabilidad a entornos tecnológicos cambiantes: Evaluación de la flexibilidad de la norma para ajustarse a cambios tecnológicos y fomentar la innovación continua.

D. Fomento de la eficiencia y productividad: Análisis de cómo la norma puede contribuir a mejorar la eficiencia y productividad a través de la aplicación de tecnología innovadora.

7. Interpretación y método del Modelo PRINCE 2.0

A los criterios verificadores antes enumerados se le asigna ya sea una puntuación positiva (+), negativa (-), o intermedia (+/-). Cada puntuación positiva equivale a un (1) punto, mientras que, a cada puntuación negativa o intermedia, se le asigna cero (0) o una fracción de cero como cinco (0,5%) puntos, respectivamente. Tal equivalencia, permite verificar la puntuación acumulada por variables, según el número de criterios verificadores disponibles en cada variable. Es decir, dentro de cada variable se debe determinar la puntuación numérica resultante con el fin de calcular la incidencia de la referida variable en el Modelo PRINCE 2.0. Éste dispone en total de seis (6) variables. Si la mayoría de las variables arrojan una puntuación positiva, entonces se puede predecir que la norma objeto de análisis tendría un impacto favorable sobre el crecimiento económico. Si la puntuación mayoritaria de las variables es negativa, entonces la norma objeto de análisis tendría un impacto poco favorable sobre el crecimiento económico de un país. Con base en lo anterior, y considerando que a la valoración positiva, negativa o intermedia de cada criterio se le asigna una puntuación numérica, ello permite determinar en términos porcentuales la incidencia de las diferentes variables para establecer la probabilidad de que una norma contribuya favorablemente o no con el crecimiento económico y, en consecuencia, con el desarrollo de una nación. Es de hacer notar que las seis (6) variables tienen un valor ponderado máximo equivalente. Por lo tanto, el valor ponderado finalmente asignado a cada una de las variables dependerá de la puntuación obtenida por los respectivos criterios verificadores, los cuales permiten determinar el efecto que tendría la norma objeto de análisis sobre el crecimiento económico y el desarrollo de una sociedad.

Cada variable tiene una ponderación máxima equivalente a dieciséis coma sesenta y siete por ciento (16,67%), de manera que la puntuación máxima que se podría obtener de la acumulación de las seis (6) variables equivale a ciento por ciento (100%).

Para efectos de la determinación de la incidencia de una disposición normativa en el crecimiento económico se ha establecido, para efectos del Modelo PRINCE 2.0, que cualquier norma que alcance una puntuación agregada ponderada mayor de cincuenta por ciento (50%) tenderá a tener una incidencia favorable en el crecimiento económico de una nación. Por argumento en contrario, aquella disposición normativa que obtenga una puntuación igual o menor a cincuenta por ciento (50%), tendrá a los efectos del Modelo PRINCE 2.0 una incidencia insuficiente para promover crecimiento económico en una nación. La referencia de ponderación agregada establecida responde a que las disposiciones normativas no tienen necesariamente un impacto absoluto y exclusivo en el crecimiento económico, sino más bien son contribuyentes desde la superestructura jurídica en la promoción de dicho crecimiento económico. Obviamente, en la medida que la puntuación obtenida al someter la disposición normativa al Modelo PRINCE 2.0, sea cercana a los extremos máximos y mínimos de puntuación, en tal medida la disposición normativa en cuestión tendría más, o menos, posibilidades de incidir de una manera positiva, o negativa, en el crecimiento económico.

Con el fin de procurar un resultado que demuestre un análisis cualitativo de las variables antes descritas, el Modelo PRINCE 2.0, partiendo de un esquema de investigación social cualitativo, toma en consideración: (i) la observación participante, (ii) los estudios del caso, (iii) la historia real, (iv) la investigación documental, (v) la etnometodología, (vi) la teoría fundada del caso, (vii) y los grupos de discusión o *"focus groups"*.

APÉNDICE 2 – ÍNDICE DE CASOS PRÁCTICOS

Caso Práctico: Expansión de una Empresa de Comercio Electrónico 68

Caso Práctico: Transformación Digital de una Empresa Manufacturera 70

Caso Práctico: Implementación de una Estrategia Omnicanal en el Sector Minorista 71

Caso Práctico: Digitalización del Sector de Servicios Financieros 73

Caso Práctico: La Expansión Internacional de "Tech Wiz" 110

Caso Práctico: La Transformación Digital de "Farmacia Vizcaya" 112

Caso Práctico: La Estrategia de Sustentabilidad de "SuperAgro" 114

Caso Práctico: Mercado de Abastos "La Fruta para Todos"...... 139

Caso Práctico: Implementación de Políticas de Privacidad y Protección de Datos en una Plataforma de Redes Sociales 150

Caso Práctico: Autorregulación en el Mercadeo Digital y la Publicidad en Línea 152

Caso Práctico: Autorregulación en el Comercio Electrónico para Garantizar la Transparencia y la Equidad 153

Caso Práctico: Autorregulación en el Uso de Inteligencia Artificial y Algoritmos 155

Caso Práctico: Cumplimiento de Normativas en una Fintech de Pagos Digitales en los Estados Unidos de América 213

Caso Práctico: Adaptación a la Regulación Europea para una Plataforma de Préstamos P2P 214

Caso Práctico: Navegación en el Entorno Regulatorio Global para una Fintech de Criptomonedas 216

Caso Práctico: Implementación de Normativas Fintech en Mercados Emergentes 217

Caso Práctico: Medición de la Eficiencia Regulatoria en un emprendimiento Fintech de Criptomonedas en América Latina 231

Caso Práctico: Autorregulación mediante Contratos Inteligentes en una Plataforma de Préstamos P2P 252

Caso Práctico: Autorregulación mediante Contratos Inteligentes en una Fintech de Comercio Electrónico... 253

Caso Práctico: Autorregulación mediante Contratos Inteligentes en una Fintech de Seguros 255

Caso Práctico: Autorregulación mediante Contrato-Inteligentes en una Plataforma de *Crowdfunding* ... 257

Apéndice 3 – Glosario de Términos

El glosario que se incluye a continuación proporciona al lector una referencia rápida y útil para entender algunos de los términos clave relacionados con la regulación de la economía digital y las tecnologías emergentes.

-A-

Activos virtuales: es una representación digital de un artículo que tiene valor en un entorno específico. Estos activos no tienen un sustento físico y se encuentran respaldados electrónicamente mediante criptografía. Su valor se define por la oferta y demanda y depende de la confianza en la tecnología que los respalda.

Automatización: Uso de tecnología para realizar tareas sin intervención humana, mejorando la eficiencia y reduciendo errores.

-B-

Banco fantasma: empresa que realiza actividades equivalentes a las realizadas por dicha entidad de crédito o entidad financiera y que está inscrita en el registro mercantil o en un registro comparable de un país distinto de aquel desde el que se gestiona y administra efectivamente la empresa, y que no está afiliada a un grupo regulado de instituciones de crédito o financieras.

Big Data: También llamados datos masivos, agregadores de datos, macrodatos, inteligencia de datos o datos a gran escala; es un término que hace referencia a conjuntos de datos tan grandes y complejos que precisan de aplicaciones informáticas no tradicionales de procesamiento de datos para tratarlos adecuadamente.

Blockchain: Tecnología de registro distribuido que permite operaciones negociales seguras, transparentes e inmutables sin la necesidad de intermediarios.

Botón de Pago: Aplicativo tecnológico que permite realizar pagos en línea que se liquiden en moneda nacional, mediante un sitio web o correo electrónico, a través de medios de pago electrónico.

Business Angels: persona que invierte su propio capital en empresas emergentes, generalmente a cambio de una participación en el capital de la empresa. Además de proporcionar financiamiento, estos inversores suelen ofrecer su experiencia y conocimientos para ayudar a los emprendimientos emergentes a crecer y desarrollarse, actuando a menudo como mentores.

Business relationship: relación que está directamente conectada con actividades comerciales o profesionales de los sujetos obligados y que se espera, en el momento en que se realiza el contacto establecido, tener un elemento de duración.

–C–

Cadena de Suministro: Red de proveedores, fabricantes y distribuidores involucrados en la producción, entrega y venta de un producto.

Cambio Climático: Cambio a largo plazo en los patrones climáticos globales, principalmente debido a actividades humanas como la quema de combustibles fósiles.

Chatbots: Aplicaciones de software o interfaces diseñadas para imitar la conversación humana a través de interacciones de texto o voz. Utilizan tecnologías de Inteligencia Artificial (IA) como el procesamiento del lenguaje natural (NLP) y el aprendizaje automático (ML) para comprender las entradas del usuario y generar respuestas adecuadas.

Ciberseguridad: Prácticas y tecnologías diseñadas para proteger sistemas, redes y datos de ciberataques y accesos no autorizados.

Crowdfunding: forma de financiamiento colectiva donde una comunidad de personas aporta pequeñas cantidades de dinero para financiar un proyecto o idea.

Comerciante: significa alguien que vende productos comercialmente, sin importar en cuyo nombre o por cuenta de quién comercian.

Compañía tenedora de bancos: entidad corporativa que posee o tiene un interés de control en dos o más bancos y/o otras compañías tenedoras de bancos. Estas empresas administran las operaciones de sus bancos subsidiarios, pero no ofrecen servicios bancarios directamente.

Compañías Emisoras o Administradoras: Aquellas que prestan servicios financieros o servicios auxiliares a las instituciones bancarias relacionados con la emisión y administración de tarjetas de crédito, débito, prepagadas y demás tarjetas de financiamiento o pago electrónico; así como, los relativos al enrutamiento de operaciones negociales de pago electrónico mediante la utilización de dispositivos de red, con el propósito de direccionar operaciones negociales electrónicas entre redes e Instituciones Bancarias, permitiendo el pago o rechazo de dichas operaciones.

Computación en la nube (*Cloud computing*): Prestación de servicios informáticos, servidores, almacenamiento, bases de datos, *networking*, software, analítica, inteligencia, entre otros, a través de Internet para ofrecer una veloz innovación, recursos flexibles y economías de escala, conocida también como servicios en la nube, informática en la nube, nube de cómputo o simplemente nube.

Contrato Inteligente (*Smart Contract*): Son programas autoejecutables con los términos del acuerdo o contrato directamente escritos en el código. Funcionan en la plataforma *blockchain*, lo que garantiza su ejecución automática y sin intermediarios.

Corporación: Entidad de base personal asociativa creada para el cumplimiento de una finalidad de interés común para sus asociados. Es una persona jurídica, sujeta a obligaciones ante la ley, y puede ser creada por una o más personas físicas para un determinado fin. Las corporaciones pueden ser con fines de lucro, como empresas, o sin fines de lucro, como organizaciones de caridad.

Customer Relationship Management (CRM): el gestor de relaciones con clientes es un profesional responsable de gestionar la relación entre una empresa y sus clientes.

-D-

Datos Personales: Información que puede identificar a una persona, como nombre, dirección, número de teléfono, correo electrónico, etc.

Dinero electrónico: Es una representación virtual de una moneda fiduciaria; efectivamente, es como dinero bancario no garantizado por un Banco Central. El "dinero electrónico" se refiere a reclamos privados sobre canjes de valor fijo garantizados por empresas privadas como PayPal, M- pesa, BiM y AliPay, entre otras.

Disruptir: capacidad de una nueva idea, producto o servicio para cambiar significativamente el *status quo* de un mercado o industria, desplazando a los competidores existentes y creando nuevas oportunidades y desafíos.

DNS (Sistema de Nombres de Dominio): El DNS traduce los nombres de dominio legibles por humanos (como www.example.com) en direcciones IP que las computadoras utilizan para localizarse entre sí en la red.

Dropshipping: modelo de negocio en el comercio electrónico donde el minorista no mantiene los productos en inventario. En lugar de eso, cuando un cliente realiza un pedido, el minorista envía la orden y los detalles de envío a un proveedor, quien se encarga de enviar el producto directamente al cliente. Este enfoque permite a los emprendedores vender productos sin tener que administrar el almacenamiento o la logística de envío.

Dumping: práctica económica que ocurre cuando una empresa exporta un producto a un país extranjero a un precio inferior al que cobra en su mercado local. Este fenómeno se considera una forma de competencia desleal y puede tener efectos perjudiciales en la industria del país importador.

-E-

Economía Digital: Actividades económicas que resultan de miles de millones de conexiones diarias en línea entre personas, empresas, dispositivos, datos y procesos.

Emisión de dinero electrónico: comprende las operaciones de conversión a dinero electrónico, reconversión, transferencias, pagos y cualquier movimiento u operación relacionada con el valor monetario del que disponga el titular y necesaria para dichas operaciones.

Empresas de seguridad: son empresas que se especializan en brindar servicios de seguridad para proteger a personas, propiedades y activos de amenazas como robo, vandalismo y violencia.

Enrutamiento de operaciones negociales: Conjunto de operaciones tecnológicas, de información, comunicación y servicios que permiten el pago electrónico que los clientes de las Instituciones bancarias realizan mediante el servicio de puntos de venta, así como el intercambio o liquidación automatizado de los fondos que se constituyen en virtud de las operaciones negociales derivadas de pagos electrónicos liquidados en moneda nacional.

Entidades Financieras: son organizaciones que se dedican a ofrecer servicios financieros, como intermediación, seguros, inversión en valores y otras actividades relacionadas con el sistema financiero.

Esquemas de pago: Conjunto de reglas y procedimientos que regula la provisión de ciertos servicios de pago al público, aceptados por más de un destinatario/pagador, mediante acceso directo por parte de los usuarios finales, pagadores y destinatarios/pagadores.

Explicabilidad: Capacidad de un sistema de inteligencia artificial para proporcionar razones comprensibles y claras sobre sus decisiones y acciones.

–F–

Factoring: operación mediante la cual el Factor adquiere, a título oneroso, de una persona, denominada Cliente, instrumentos de contenido crediticio, prestando en algunos casos servicios adicionales a cambio de una retribución. El Factor asume el riesgo crediticio de los deudores de los instrumentos adquiridos.

Fideicomiso: Contrato por el cual una parte llamada fideicomitente transmite o se compromete a transferir la propiedad de bienes a otra persona llamada fiduciario, quien se obliga a ejercerla en beneficio de otro llamado beneficiario, que se designa en el contrato y a transmitirla al cumplimiento de un plazo o condición, al fideicomisario.

Financiamiento de terrorismo: cualquier forma de acción económica, ayuda o mediación que proporcione apoyo financiero a las actividades de elementos o grupos terroristas.

Financiamiento Participativo Financiero (FPF): actividad en la que, a través de una plataforma digital, se unen personas o empresas que necesitan financiamiento (receptores) con inversores que buscan un retorno financiero.

–G–

Grupo de Acción Financiera Internacional (GAFI): Organización intergubernamental creada en 1989 por el G7 (ahora G20) con el objetivo de establecer estándares y promover la aplicación efectiva de medidas legales, regulatorias y operativas para combatir el lavado de activos, la financiación del terrorismo y otras amenazas relacionadas con la integridad del sistema financiero internacional.

Reglamento General de Protección de Datos (GDPR): Normativa de la Unión Europea que regula la protección de datos personales y la privacidad de los individuos dentro de la Unión Europea.

-H-

Holding Calificado: Participación directa o indirecta, propiedad de personas naturales o jurídicas o fondos de inversión, equivalente al quince por ciento (15%) o más de las acciones que representan el capital de la sociedad.

-I-

Inteligencia Artificial (IA): Rama de la informática que se centra en la creación de sistemas capaces de realizar tareas que requieren inteligencia humana, como el reconocimiento de voz, la toma de decisiones y el aprendizaje.

Índice de digitalización DESI: herramienta clave de la Comisión Europea para evaluar y hacer un seguimiento del progreso digital de los países de la Unión Europea. El DESI se publica anualmente desde 2014 y mide el grado de digitalización de los países de la Unión Europea en áreas clave como conectividad, capital humano, uso de servicios en línea, integración de tecnología digital y servicios públicos digitales.

Infraestructura Tecnológica: a la infraestructura de cómputo, redes de telecomunicaciones, sistemas operativos, bases de datos, software y aplicaciones que utilizan las ITF, las sociedades autorizadas para operar con Modelos Novedosos y las entidades financieras para soportar sus operaciones.

Institución Bancaria: entidad financiera que se encarga de aceptar depósitos y otorgar préstamos a sus clientes. Las instituciones financieras bancarias son intermediarios financieros que conectan a los depositantes o proveedores de fondos con los prestamistas que utilizan esos fondos.

Institución depositaria asegurada: institución financiera que está protegida por el seguro de depósitos, lo que garantiza que los fondos de los depositantes estén a salvo en caso de que la institución fracase.

Instituciones de crédito: empresas que realizan negocios bancarios comercialmente o en una escala que requiere operaciones comerciales organizadas.

Instituciones financieras: son entidades que se dedican a realizar actividades relacionadas con la intermediación y gestión de recursos financieros. Su función principal es facilitar el flujo de dinero y capital entre diferentes actores económicos, como individuos, empresas y gobiernos.

Instrumento representativo del crédito: Contrato o nota de crédito, que representa la deuda relacionada con la operación de préstamo entre pares y financiación a través de una plataforma electrónica.

Interfaz de Programación de Aplicaciones (APIS): Conjunto de reglas (códigos) y especificaciones utilizadas por aplicaciones para comunicarse entre sí, sirviendo de interfaz entre programas diferentes en el intercambio de mensajes o datos.

Internet de las Cosas (IoT): Red de dispositivos físicos conectados que recopilan e intercambian datos a través de internet.

Inversión: acción de colocar capital o dinero en una actividad económica, proyecto u operación con el objetivo de obtener un rendimiento económico a largo plazo.

ITF: instituciones de tecnología financiera, las cuales son las instituciones de financiamiento colectivo y las instituciones de fondos de pago electrónico.

-J-

-K-

-L-

Lean Startup: enfoque para desarrollar negocios y productos que se basa en la experimentación, la validación de ideas y la iteración rápida.

Ley General de Protección de Datos (LGPD): Ley brasileña que regula la protección de datos personales de los individuos.

-M-

Medios Alternativos de Resolución de Conflictos (MARC): procedimientos que permiten a las partes involucradas en un conflicto encontrar soluciones sin necesidad de recurrir a un juicio formal. Estos métodos buscan facilitar la resolución de disputas a través de la negociación, mediación, conciliación y arbitraje, entre otros, y se caracterizan por su enfoque en la colaboración y el acuerdo mutuo.

Modelos de Negocio Disruptivos: Introducen modelos de negocio que desafían las normas establecidas en la industria, a menudo reduciendo costos, mejorando la eficiencia o proporcionando mayor valor a los clientes.

Monedas Digitales del Banco Central (CBDC): los CBDCs son nuevas variantes de dinero del Banco Central, diferentes del efectivo físico o las cuentas de reserva /liquidación del Banco Central (CPMI, 2018). Los CBDCs son, por definición, dinero digital emitido por el Banco Central y, según el nivel de accesibilidad, pueden ser demarcados como de propósito general y mayoristas

M.V.P.: También conocido como Producto Mínimo Viable, es una estrategia económica y de desarrollo de productos que se enfoca en crear la versión más simple de un producto que pueda ser probada con los usuarios para obtener retroalimentación y aprender

-N-

NIS (Seguridad de las Redes y de la Información): Directiva de la Unión Europea que establece medidas para garantizar un alto nivel común de seguridad de las redes y de la información en la UE.

-O-

Oferta pública de acciones (OPA): mecanismo financiero mediante el cual una persona o entidad (denominada "entidad oferente") propone a todos los accionistas de una empresa cotizada la compra de sus acciones a un precio determinado. Este precio puede ser en efectivo, en acciones, o una combinación de ambos.

-P-

Pagos Móviles: son operaciones negociales financieras que se realizan utilizando un dispositivo móvil, como un smartphone o una tableta, en lugar de una tarjeta de débito o crédito tradicional.

Persona políticamente expuesta: cualquier persona a la que se le haya confiado o se le haya confiado una función pública destacada de alto rango a nivel internacional, europeo o nacional o a la que se le haya confiado una función pública de importancia política comparable por debajo del nivel nacional.

Planificación de recursos empresariales (ERP): es un sistema de gestión empresarial que integra y automatiza múltiples procesos y funciones de una empresa en un solo entorno. Este sistema es esencial para gestionar las actividades diarias de una empresa y optimizar los recursos, incluyendo la producción, logística, distribución, inventario, facturación, contabilidad y recursos humanos.

Plataforma de pago automático: es una herramienta tecnológica que facilita y optimiza el proceso de cobranza y pago de facturas, reduciendo la necesidad de intervención manual y minimizando los errores.

Privacidad de Datos: Derecho de los individuos a controlar cómo se recopila, utiliza y comparte su información personal.

Productos y Servicios Innovadores: Las empresas emergentes se centran en desarrollar productos y servicios que ofrecen soluciones nuevas o significativamente mejoradas a problemas existentes.

Product-market-fit: se refiere al grado en que un producto satisface una fuerte demanda del mercado. Es un concepto clave en el desarrollo de productos y la creación de startups exitosas.

Propietario del esquema de pago: una entidad jurídica responsable de un esquema de pago y, cuando sea apropiado, mediante el uso de la marca asociada con el esquema de pago.

Protocolo de Internet (IP): El internet funciona mediante el Protocolo de Internet, que define cómo se transmiten los datos entre diferentes dispositivos. Cada dispositivo conectado a internet tiene una dirección IP única que lo identifica.

Proveedores de Servicios de Internet (ISP): Los ISPs son empresas que proporcionan acceso a internet a los usuarios. Los usuarios se conectan a internet a través de sus ISPs, que les proporcionan la infraestructura necesaria para conectarse a la red global.

-Q-

-R-

Regulación: Conjunto de reglas y normas establecidas por autoridades gubernamentales para controlar y supervisar actividades específicas.

Responsabilidad Social Corporativa (CRC): compromiso de las empresas de actuar de manera ética y contribuir al desarrollo económico, social y ambiental de la sociedad en la que operan. Este concepto implica que las empresas no solo deben cumplir con las leyes y regulaciones, sino que también deben ir más allá, contribuyendo activamente a la mejora del bienestar social y ambiental.

Robotic Process Automation (RPA): La automatización de procesos robóticos (RPA) es una forma de automatización de procesos empresariales que utiliza robots de software o agentes de inteligencia artificial (IA) para automatizar tareas repetitivas y basadas en reglas que de otro modo serían realizadas por trabajadores humanos.

–S–

Sandbox Regulatorio: Entorno controlado donde las empresas pueden probar nuevas tecnologías y modelos de negocio bajo la supervisión de reguladores, permitiendo la experimentación sin riesgos significativos.

SEO optimización para motores de búsqueda

Servicio de activos virtuales: se refiere a cualquier actividad relacionada con la gestión, intercambio, transferencia, custodia y administración de activos virtuales.

Sistema de ejecución de manufactura (MES): solución de software integral que tiene como objetivo optimizar y mejorar la eficiencia de las operaciones de fabricación y producción en una empresa.

Sistemas de CRM: es una solución de software integral diseñada para ayudar a las empresas a gestionar y optimizar sus relaciones con los clientes a lo largo de todo el ciclo de vida.

Sistemas de Gestión de Inventarios (IMS): es una solución de software integral que permite a las empresas rastrear, administrar y optimizar sus niveles de inventario a lo largo de toda la cadena de suministro.

Sistemas de Gestión de Pedidos (OMS): es una solución de software integral diseñada para automatizar y optimizar el proceso de recepción, seguimiento y cumplimiento de los pedidos de los clientes a lo largo de toda la cadena de suministro.

Sociedad de inversión registrada: entidad financiera que reúne el dinero de múltiples inversores para invertirlo en una cartera diversificada de activos financieros, como acciones, bonos, bienes raíces, entre otros.

Software de cumplimiento: Herramientas ofrecidas al usuario para controlar el cumplimiento de las obligaciones contenidas en las regulaciones financieras, especialmente las relacionadas con la prevención de legitimación de capitales, así como, la mitigación de otros riesgos.

Sostenibilidad: Práctica de mantener procesos productivos y de consumo que no agoten los recursos naturales y que permitan su regeneración para las generaciones futuras.

Stablecoins: Son unidades digitales de valor que no son una forma de una moneda específica (o canasta de las mismas), sino que dependen de mecanismos de estabilización para minimizar las fluctuaciones de precios. Los mecanismos de estabilización pueden requerir la intervención de instituciones responsables (en el papel de emisor y custodio), o delegar estas tareas a los usuarios del *stablecoin*. Además, se pueden emplear mecanismos de estabilidad secundarios.

Startups: Emprendimientos emergentes con un modelo de negocio escalable haciendo uso de la tecnología digital y herramientas asociadas tales como computación en la nube, blockchain, big data, inteligencia artificial, redes inalámbricas, entre otros.

Streaming de contenido: tecnología que permite transmitir y acceder a contenido multimedia, como videos, audios, imágenes y otros tipos de contenidos, desde cualquier dispositivo conectado a internet, sin necesidad de descargar el archivo completo.

-T-

Tecnología de realidad aumentada (AR): es una herramienta que combina elementos virtuales con el mundo real, permitiendo a los usuarios visualizar información adicional sobre objetos y entornos físicos a través de dispositivos tecnológicos.

Tecnología Financiera (FINTECH): Soluciones financieras propiciadas por la tecnología, que involucra a todas aquellas empresas de servicios financieros que utilizan procesos y sistemas tecnológicos de avanzada para poder ofrecer productos y servicios financieros innovadores bajo nuevos modelos de negocio.

Tecnologías de la información y las comunicaciones (TIC): conjunto de tecnologías que permiten el acceso, producción, tratamiento y comunicación de la información de manera electrónica y digital. Estas tecnologías se desarrollan a partir de los avances científicos en los ámbitos de la informática y las telecomunicaciones.

Tokens de activos (o 'dinero' de inversión o '*tokens* de seguridad'): Representan activos análogos a acciones, bonos o derivados, ya que implican un reclamo o están directamente vinculados a activos, generalmente una mercancía o acciones de una empresa o portafolio.

Tokens de pago (o cripto 'dinero'): un activo virtual convertible descentralizado basado en matemáticas que está protegido por criptografía, comúnmente conocido como "moneda criptográfica". Los *tokens* de pago están destinados a ser utilizados como un medio de pago para adquirir bienes o servicios, o como un medio de transferencia de dinero o valor.

Tokens de utilidad: Son destinados a proporcionar derechos de acceso digital a una aplicación o servicio (por medio de una infraestructura basada en DLT). Los *tokens* de utilidad crean una economía interna dentro de la cadena de bloques de la aplicación o servicio y no tienen relación con la valoración de la organización emisora.

Operación negocial: cualquier acto o, en la medida en que parezcan estar relacionados, varios actos cuyo objetivo o resultado sea una transferencia de fondos u otro movimiento de activos o propiedades.

Transparencia: Principio que implica la apertura y claridad en las acciones y decisiones, especialmente en contextos regulatorios y empresariales, para permitir la rendición de cuentas y la confianza pública.

-U-

Unión Europea (UE): Organización política y económica de 27 países europeos que trabajan juntos en áreas como comercio, seguridad y legislación.

-V-

-W-

World Wide Web (WWW): Aunque a menudo se confunden, el Internet y la *web* no son lo mismo. La *web* es un servicio que opera sobre el Internet, permitiendo el acceso a documentos y otros recursos a través de navegadores web utilizando protocolos como HTTP y HTTPS.

Milton Keynes UK
Ingram Content Group UK Ltd.
UKHW021851231124
451423UK00002B/340